詩　雨

子青著

文 史 哲 詩 叢

文史哲出版社印行

國家圖書館出版品預行編目資料

詩雨 / 子青著.-- 初版.-- 臺北市：文史哲，
民 103.05
　　頁；　　公分（文史哲詩叢；116）
　　ISBN 978-986-314-180-8（平裝）

851.486　　　　　　　　　　　　103009285

文 史 哲 詩 叢　116

詩　雨

著　　者：子　　　　　　　　　　青
出 版 者：文 史 哲 出 版 社
　　　　　http://www.lapen.com.tw
　　　　　e-mail：lapen@ms74.hinet.net
登記證字號：行政院新聞局版臺業字五三三七號
發 行 人：彭　　　　正　　　　雄
發 行 所：文 史 哲 出 版 社
印 刷 者：文 史 哲 出 版 社
　　　　　臺北市羅斯福路一段七十二巷四號
　　　　　郵政劃撥帳號：一六一八〇一七五
　　　　　電話886-2-23511028・傳真886-2-23965656

實價新臺幣三六〇元

中華民國一〇三年（2014）五月初版

自　序

── 讓雨叫醒我的夢

　　春雨在窗邊輕叩，恰似過往句句的詩語呼喚，真叫人神往與懷念。三年的光陰又從眼眸轉瞬之間悄然離去，這個善變的世界，從來不因任何的因素而有所等待，芸芸的生命卻在時間的流轉中更替。不知是該欣喜改變的歡愉，抑或當為無法留住的永恆而悲歌？

　　在過去的時隙中，企圖以詩書寫生命內在如光影般的質素，發為文字鋪陳一種境界，是虛構也是真實。這樣欲以小而搏大的動念，似乎有些不自量力，卻也是已逝的歲月裡，吾人創作當下一直存在的思緒。

　　想起齊邦媛教授所說的：「對於我最有吸引力的是時間和文字，時間深邃難測，用有限的文字去描繪時間的真貌，簡直是悲壯之舉。」真是於我心有戚戚焉。《詩雨》的出版對於我而言，164 首作品，從 2011 的人間四月到 2014 的春天三月，每一首詩的完成，幾乎都存有齊教授所說的「悲壯之舉」。固然悲壯難免，但是創作的精神抖擻依舊！

　　寫詩是一種壯舉，這一種非常人所能理解的行動，往往詩人將它轉化為野性的激情、沉穩的遐思、平實的感受，或者是

對於生命觸發無法自拔的心理。無論如何，這些詩作的的確確深烙著每一位創作人的情懷，化爲文字與同好分享，也形成了另類的一種「永恆」。

　詩是生命的練習曲，作者輕輕地唱，讀者慢慢地和，就在生命的互動中，感受文字符號裡那深長的意義。或能有所感動於具有詩性的靈魂，一起在美麗的生活裡，激昂那多情的曼妙，爲這不完足的世界，平添幾許的可愛。

　寫詩最大的樂趣在於不斷地「發現」，因爲以不同的角度、立場與層面，甚至是不一樣的方向和態度，在在讓我獲得各種生命面向的體會，從中享受到了創作的快樂。雖然文藝可能是件苦悶的事，但是創作真的可以讓心情飛揚！

　《詩雨》的編成，要特別感謝我的學生沈古芯和郭恩淳。在他們繁星推薦考上大學之後，立即協助彙整編輯此書，縝密細心讓詩集得以美麗出版。

　詩雨紛飛，願飄落與有緣人相遇。我詩，故我在。就叫它喚醒亙古的詩夢吧！

子青序于府城風軒

2014.4.26

詩　雨

目　次

我的花博我的痛

台北的星星依然佔據著天空
四點鐘的 morning call 已將睡意驚醒
小黃在無人的車道上漫步
這是繁華都市的自在
司機先生滿臉笑容
卻映襯著我疲憊的心情

終於體會了趕集的辛勞
一群人，喔不！是上千的一堆靈魂
為了在夢想館裡尋找夢想
不惜餐風露宿與星星為伴
微冷的春天
悽悽的我

痛風的腳提醒了我的存在
我在黑與白掙扎的世界中
我在面無表情的台北市
我在冷冷冷的地板上
我在自己的痛苦裡

淹沒

馬偕急診室
是這一場遊戲最後的歸宿
兩針六包藥外加小護士的
笑容
台北白天的雲裡
還有我的心情倒映

2011、4、10（原載於《掌門詩學》第 64 期）

註：國際花藝博覽會在台北市舉行，三月某日全家前去
　　遊賞。夢想館是博覽會中必看之地，日日夜中開始
　　排隊且人潮不息。恰遇宿疾又起，病中遊園心情特
　　別，是為記。

驚醒的印記

月光山是一隻喝醉的貓
酣睡在我回家的路上
迷途的心情有星的笑靨引領
讓夢可以歸航
思念得以喘息
疲憊的記憶慢慢靠岸

都已經無數年接力地過去
而終點卻像地平線那誘人的唇
百花習慣將世界欺騙
當美麗凋謝　春天哭泣
只見清明細雨紛飛
聽不到爺娘的叮嚀依舊

巍巍的堂號仍然訴說著故事
三合院失去了主人的呵護
那再也關不住的滄桑
任憑嘲笑的風不停地耳語
還能有多少的起承轉合

可以寫下這部斑剝的劇本

當貓甦醒　　宿醉的我
已不願走出烙印的記憶
讓心情就在褪色的故鄉背影裡
驚起

2011.4.21（原載於《掌門詩學》第 66 期）

小　樂

雨來得真是時候
一杯咖啡將心情溶解
一塊小餅讓世界婆娑
想悲哀已經逃亡
何不留一方記憶
把快樂永藏
午後的雨呀
可知我愛你的詩語

2011.4.29（原載於《掌門詩學》第 65 期）

無 題

春天就這樣離去
是不是樹鳥已經叫不醒百花
溫馨的故事畫下了句號

四分之一的日子被無情撕去
剩下的就任風吹蕩
沒有嘆息沒有埋怨
只有歲月離去的腳步聲
輕輕

心情就像候鳥
該來的還是會來
該走的時候
沒有留下些許的聲息
應該有所思念吧
天空無語
綠樹無語
人也……

2011.5.1（原載於《掌門詩學》第 64 期）

桐　雪

就像天空中不小心墜入凡間的雲朵
依著霓裳羽衣曲的旋律飄落在我的眼簾
讓心情誤以為帝王的世界重現
快樂猶如明皇與貴妃的那一場夢

以微步跨越纖白的身軀
還是捨不得讓妳孤單地離去
彎下已傾頹的背脊
輕輕將妳挽起
但見清秀的臉龐鋪陳了幾許的滄桑
有古典的淒美也敷上了現代的哀愁

五月的雨絲趓上了妳那冷冷的眼眸
是情淚是天水是忘歸的夜星
還是那已無法停止的夢
在靜謐的世界中流連
溫熱的腦海慢慢地將妳溶解
但見妳離去的背影踽踽等待向晚

夕照已變得溫存
晴雨也都悄然過去
失速的風你為何徘徊
當思念也變成了一種習慣
片片飛逝的桐雪啊
我已在心中輕拈

2011.5.20（原載於《葡萄園詩刊》第 191 期）

驚　夢

鳥鳴聲穿透了晨曦
踅進我一夜未眠的心情

昨晚的那一場雨
在心裡滴答滴答地下著
叫夢棄城逃亡
思海卻如此地澎湃

五月是個難以捉摸的意象
阿勃勒才向藍天炫耀自己的鈴聲
路的盡頭那逼人眼紅的鳳凰花
一夜翻醒就教人想起了驪歌依依
也讓遺失好久好久的愛戀
悄悄在封閉的城垛裡綻開

世界會不會因為夜的甦醒
又風雨猖獗
讓好夢無法進城
黃昏已經不遠

只是昨夜的驚夢
難解

2011.5.26（原載於《葡萄園詩刊》第 191 期）

驀見阿勃勒

午後的雨
將妳的臉龐淋漓得燦爛
讓人無法忘懷的顏色
使得羞赧的天空欲語還休

命運註定讓妳廝守這一季
為的是看盡如船過江般的車潮
那匆匆消失的背影
總教懵懂的心情嗟嘆不已

紛紛的小雨呀
可懂得忍受著寂寞的淒涼
在黃昏將淹沒大地之時
你如此姍姍而來

風叫醒了妳的夢
也激起了黃鈴的深情
澎湃的聲濤
陣陣都是驚世的告白

就要離去
如妳飄落的灑脫
何時重逢
等妳在季節的笑容裡

2011.6.1（原載於《葡萄園詩刊》第 191 期）

歲　月

都被歲月帶走了
還有什麼可以留下來做為紀念
是那一首唱了又唱的歌
還是眼前不斷輪迴的時間

故事一定有結局嗎
我們的小說正要進入高潮
卻被嫉妒的歲月將它撕去
少女轉眼熟成招展
花蕾丞欲綻開醒世
而我
也將悄然隱去在橋的彼端

親愛的
當我的背影消失在黑夜的笑容裡
請你以祝福的眼神默吟激動的驪歌
掩卷之後的思念
已在月下涓涓響起

2011.6.4　寫于謝師宴之後
（原載於《掌門詩學》第 64 期）

夏　趣

這是看雲的好時節
溫度將世界蒸騰
所有的美麗都化為那一抹
讓人陶醉的山水潑墨
已經迷失蹤跡的夢想
悄悄地重建它的城堡

蟬浪襲心激起了歲月的記憶
藍色天空下有著透明的笑容
那是令人難忘的故事
鳳凰花謝了
但你還常駐在我的心頭
思念已經變成了習慣

彩雲綻開
為的是尋覓風的方向
想這飄飄的人間
還有多少的心情
能夠乘載美麗的想像

這一季的快樂
此刻響起

2011.6.10（原載於《秋水詩刊》第 151 期）

喚不回的友情

幾米呀
是不是有一種配方可以將時間還原
如果友情走到了海的邊緣
請告訴我，此刻
該向左走還是向右離去

濤聲凜凜
教人莫敢翻開最後的一頁夢扉
就怕猛浪偷襲時
拼不回記憶
徒留惆悵滿懷

當月亮未醒
太陽已然溫柔
長長的海岸可有我停留心情的地方
讓它可以思念可以為你寫詩
寫下曾經在時間的青春裡
我們忘記收藏的歌詠

2011.6.17（原載於《掌門詩學》第 64 期）

生命中無法放棄之重

再不用心地將你們整理起來
星巴克的音樂都要生氣了

歲月累積了太多的記憶和心情
傻子的我偏偏選擇了文字將它收藏
一個字沒什麼重量
一句話沒什麼質感
一段一篇看似散落卻又如此地紮實
在心頭堆砌
我終於知道無形的存在
原來是這般地沉甸

那一年愛上了你
就已註定所有的難分難捨
有時候太黏著了你，想逃
當刻意疏遠
卻常常不經意地想起了你的美麗
逃亡，從來是不該發生的事情
而我，只有選擇在生活中累積

在月甦醒太陽璀璨的當口
讓記憶將當下懸念和往事
一股腦兒地亮晃了起來
把它漸溶於那堤的咖啡香裡

星巴克的音樂實在太美
你們轉身都微笑了

2011.6.26（原載於《新文壇》季刊第 25 期）

尋　航

蟬鳴與筆聲共舞
六月的氛圍絕妙
淡淡的風情中
深藏濃郁的離愁

窗外的世界正興奮
心裡頭的夢想也跟著演義
日子穿過了平原爬到了山腰
就要翻越巍峨的峰頂
才愕然發現自己兩眼茫茫
袖口裡剩下的
竟是時間帶不走的孤獨

孤獨佔據了最後的心情
當蟬叫又一次激醒了命運
腦海中那艘徘徊的小舟
也在夏的懷抱裡
尋找方向

2011.6.26（原載於《瑞洲文學‧創刊號》）

夜 懵

在完全的黑暗中驚醒
猶如那一陣狂風將柳絮掬起
蜿蜒的情緒幾乎失控
還有多少的星辰尚未點名入睡
想問天，可是
那是屈原先生的專利
我只想詢問夢遊中的自己
什麼才是真實
又什麼叫做虛偽

外頭的風雨特大
無由地想起了昨天那猖獗的陽光
失去以後的世界真令人懷念
連你也是這樣地出現
這讓思想懷疑遺忘的真諦
總是在無人干擾之後
記憶會偷偷地窺視那看似平靜的心情
卻意外地聽見了那似曾相識的啜泣聲
在夜裡夢中黑暗的角落，迴盪

嗯，也許吧
時間再一次回到了白日
這夜裡無法參透的理路
依然平坦如昔
而我，傾聽一切
而一切，也會傾聽著
我已然消失於蟬聲中的心跳

2011.6.28（原載於《紫丁香詩刊》第五期）

眺

雨後的城市
竟可以遠眺潑墨的山巒
靜靜的氛圍裡
有著想望已久的心情

無法交集的鐵軌
彼此正訴說著什麼呢
沒有真正的交心
就只能這樣帶有距離的相覷
是幸福還是悲哀
我的眼一時無語

聳立的大樓
你兀自思考著什麼呀
是有些暗沉的天空
還是微風輕飄的夢

等待一個真心的陽光
讓久久孤寂的感覺

在那隱隱的巒峰裡
找到陶潛遺失的桃花源

2011.6.29（原載於《紫丁香詩刊》第五期）

失 去

太陽終於出來了
接力式的大雨
來得太急令人心慌
失去之後
卻開始懷念藍天白雲的美麗
重複的分分秒秒
累積更多的思念期待

為何總在失去以後才想到它的重要
是霧裡的人性還是柴米油鹽的慣性
將遺忘當成了白開水
讓記憶失憶
突然踅過的雀鳥
哪知雨中失飛的落寞
還在屋角啁啾
高談牠的快樂

此刻的我
以狂喜迎接六月最後的馨陽

從山的那一邊
從大樓的眼眸
投入我悠悠的心窗

2011.6.30（原載於《紫丁香詩刊》第五期）

指　喻

臺灣的考試以它最強
它手臂強幾十年不減
它個子強爬也爬不上
它志向太強令人卻步
指考的隱喻莫測高深

明天妳們就要攻頂
這一座讓學子敬畏
又愛又恨非常難熬
名叫聯考的怪獸山
蜿蜒崎嶇落石不斷
有人失敗明年再爬
有人登頂欣喜若狂

考試是把利刃
心情是那砧肉
切成了幾多塊
一塊餵食一科
結束鐘聲響起

只剩形體空洞
飄呀飄浮又浮

2011.7.1

寫給蛋塔女孩

── 芩芩

那美麗如月的蛋塔
是妳將世界徜徉的圓
妳的眼是依依的夜星
垂戀在它的夢城
光輝燁燁恰似秋水長流
耽溺已化成了一棵等待幸福的樹
任星月灑落心情遍地
而妳這般盈盈的笑臉
叫記憶褪不去歲月
蛋塔從此永恆

2011.7.29

臺灣水果頌

一、玉井愛文

不是因為妳來自美麗的山景
也不是妳結實纍纍的英姿
一切都是那抹羞赧的笑
叫人無法忘懷的臉龐
讓心情這般地癡狂
妳代言了夏的美
卻是我這一季
難忘的滋味

二、麻豆文旦

月已經偷偷地圓了
西風才想起款擺一下
你那飽滿的中年肚子裡
卻如此英挺在秋的呵護中
等待與今世的情人相知相惜
教嫦娥嫉妒后羿扼腕玉兔羨慕

那感動的每一滴淚都將被你收藏
貪戀的我呀不小心窺視了你的心房
酸甜剔透的滋味溫暖了我羞怯的臉喔

三、關廟鳳梨

看到了你人生就充滿了希望
旺來好運的夢想是這般甜蜜
在鳳田裡直挺挺的英雄好漢
精神抖擻猶如沙場萬馬千軍
披上鎧甲手持利刃威風凜凜
不畏日曬雨淋堅持做對自己
因為知道捨得所以奉獻胴體
在必要的犧牲之後滿足饕客
沒有怨尤只有南臺灣的美麗
還留在每一張快嘴的回憶裡

2011.8.22

星情獨語

今夜的天空很靦腆
清境的風悠閒溫柔
羊群應該睡著了吧
不然微冷的路燈下
為何只有踽踽的影子徘徊
總覺得有些眼光逼視著心情
想襲平世潮的翻騰
鋪陳一岸的快樂

山巒靜靜地呼吸著
與我的脈搏一同抑揚頓挫
它們在思考些什麼呢
夜已深了
只有莞爾的星星了解
燈下人的孤獨
是這般地燦爛
寂寞被輕風擁抱成了一尊佛
是真
是善

是美
還是被夜星看破的一場夢

不敢仰望這樣的黑
因為星星總是知道眼裡的祕密
也許吧
當風都歸巢安歇以後
燈也熄滅
這一個世界會悄悄地蛻變
而我依然是我

2011.8.25（原載於《葡萄園詩刊》第 192 期）

那些年

那些年可曾留下痕跡
當時間依然不老
我們的容顏無法停格
故事就這樣不斷地重播
親愛的
原來人生如雲
我們一直仰望著自己

也許有一天
思想的細胞累了
我們的故事註定被其他的生命閱讀
恰似此刻窗外那繽紛的小雨
輕輕地飄進模糊的夢裡
而唯美卻是它最後的背影

那些年走過了我們
而我們也不經意地在它的眼眸裡飛奔而去
所有的苦難與喜樂
都成了故事的註腳

越來越單薄的記憶
也將會沉澱我們的
那些年

2011.8.30（原載於《葡萄園詩刊》第 192 期）

潮

那一彎新月是脫離的心情
鼎沸的人聲又將它推得更遠
主題歌如潮般地來回侵蝕
被夜佔據的思緒
還有什麼悲哀可以擁抱永遠
又是怎樣的快樂能夠長相廝守
簽名會的星迷讓時間越獄
風才起來
而心情消失在茫茫的夜海

2011.9.3（原載於《葡萄園詩刊》第 192 期）

翻滾吧

秋風還在耳際唱歌
調子幽幽令心情顫抖
別問庭園中的那棵樹
它的佇立究竟為何
你知道的
生命無法以學問詮釋
那風又何須阻擋思想的快樂
儘管將春夏秋冬用力地搖擺吧
舞動之後的世界一定不同
以幸福為中心
在天地翻滾自己的夢想

2011.9.4（原載於《掌門詩學》第 65 期）

黃金葛

你的倒掛是一種思想嗎
是正看人間還是反視這個世界
風起時
微微顫抖的身軀
可是抖落了紅塵
所以這般地悠閒
在冷冷的牆上

可有了解你的眼睛
可有和你相同想法的腦子
佛曰不可說
原罪在十字路口傾聽天堂的聲音
沒有人像你如此洞澈擺盪的美
以及無理的反轉卻是生命的糧食

又是一陣風調戲著你
無情的拉力
讓你抖落了一身的無奈
那倏忽而過的火車

徒留冰冷的鐵軌吶喊
受到驚嚇的時空
你會心的一笑

2011.9.7（原載於《掌門詩學》第 65 期）

憂鬱是一首詩

有人不小心寫了它
有人太粗心讀了它
有人根本就忘了它
卻有人在心中悄悄地進放了它

斯文的風愛上了它
起舞弄清影
秋颱邂逅了它
扮起了貴妃醉酒
北風呼呼與它擦身而過
只見江湖漠漠
未察人海茫茫

憂鬱是一首詩
有淚有笑聲
還有想飛的輕愁

2011.9.12（原載於《掌門詩學》第 65 期）

魚　夢

四通八達的道路是我的江湖
高樓大廈垂釣著我的夢想
人潮容易將我推遠
而我
一尾企圖游遍五湖四海
尋找成功的小魚
就這樣被擱淺在行道樹旁
仰望微藍的天空
與雲相濡以沫

呼嘯而過的賓士
蔑視我的背影
好不容易被太陽曬暖的心情
突然溫度接近冰點
是資本主義惹的禍
還是卑微小人的宿命牽引
造就了淚水中淡淡的彩虹

終於游到了熟悉的十字路口

紅綠燈從來不會尊重我的選擇
因為沒有正確的身分證明
我的存在是這一場遊戲的意義
偌大的城市包圍了我的方向
也迷失了我的夢想

2011.9.17

詩 囚

我是一隻被囚禁的鳥
氛圍詭異卻沒有任何的悲傷
蜇進那已然禪定的雙翅
塵眼睽睽企圖網住殘夢一片
思緒推衍徒讓疑雲鋪陳滿天
鐵柵欄禁錮不安的文字
卻永遠無法封鎖那想飛的心情

想飛想飛想從此飛進你的世界
我夢我夢留住今生夢陪你入夢
看一眼請將我放在心上
也許會有那麼突然的瞬間
可以吟詠屬於你的詩歌
將情懷留下讓感覺美麗
囚禁是有意義的陽光
溫暖你微冷已久的靈魂

我不在籠內你也不在心外
我不是籠中鳥

你也不再是自己的心上囚
我想帶著你翱翔
不在籠裡更不在籠外
就在你轉身之後
那悠悠的夢裡

2011.10.10（原載於《新文壇》季刊第 26 期）

因 為

為什麼我依然在寫詩呢
年少時候想在詩裡尋夢
覺得青春漫長時間永遠
花可以被詩句保存美麗

當青春的保固期限已過了
為什麼手中筆還在寫詩呀
因為癡信詩可以留住記憶
美麗仍舊在花裡悠悠蕩蕩

為什麼我依然在寫詩呢
小說不是情節鮮明多了
就是喜歡一些些的愛昧
寫得清楚會讓心情靦腆

散文不也能抒發你的情意
但我喜歡在詩裡偷藏感覺
雖然它天生矮小形式多怪
就是這個樣子讓人很對味

為什麼我依然在寫詩呢
因為它是生命的調色盤
任我著上那自由的顏色
喜怒哀樂雜揉的那一種

想飛的時候就在詩中翱翔
現實的牆太驕傲翻越困難
名利的塔聳刺開雲讓人畏
我喜歡在詩懷裡享白日夢

為什麼我依然在寫詩呢
在詩中可笑看人生的傻
願意當詩的翅膀去追夢
它已是無法改變的情人

2011.10.14（原載於《葡萄園詩刊》第 192 期）

賽德克・巴萊

彩虹和太陽的距離有多長呢
當番刀遇上了隆隆的砲聲
只有血可以鐫刻在歷史上
記憶這一場如夢的革命

野蠻與文明的距離有多遠呢
當驕傲遇上了無味的毒氣
只有臉上的紋痕能夠永遠
將山的生命典藏而不朽

沒有靈魂的人就像秋風中凋零的枯葉
失去意識的族群猶如江海上不繫之舟
魏德聖呀賽德克・巴萊
真正的英雄真正的人
讓葉不飄零舟不離夢
陽虹邂逅
山的呼喚已在耳際
悠悠響起

2011.10.20（原載於《葡萄園詩刊》第 193 期）

第十八洞

這一桿將臺灣打進了冠軍的懷抱
這一球讓心情掉入了驕傲的漣漪
這一天滿地紅飄飄青天白日蕩蕩
妮妮呀
妳將新竹的風揚起地更狂
我們的心情也飛得激昂了

從來不曾想過小白球的可愛
當老虎將世界吼住
寒流拿著后座把玩
有誰想過粉紅的厲害
竟將世人的眼睛變色
曾雅妮啊
妳改寫了東方的歷史
使得西邊的思想
也記得住黃種人的身影

最後一洞了
優雅的桿子終於將那一球揮出

飛呀飛呀不能回頭再也不能回頭
這是千萬人的夢想
這是現代史的夢想
這美麗的第十八洞

2011.10.30（原載於《葡萄園詩刊》第 193 期）

註：前幾日，臺灣高球好手曾雅妮在自己的土地上再奪
　　大賽冠軍，並繼續穩坐世界球后，不愧為臺灣之光！
　　為此，以詩記之。

記憶冬天

心情泛黃已久
藏在夢裡的青春
也滄桑成了一片濛濛的記憶
親愛的
還有多少的故事可以在時間的流轉裡重播
又尚存幾許的思念值得在生命中任其複製

微雨的冬季午後
容易想起你的背影踽踽
溼漉的心情何時得以放晴
這難以預料
猶如年輕時做的夢總是忘記加上問號
正當生命的年輪愈來愈加清晰的時候
才猛然在心頭畫上驚歎
都被風在窗外笑了

想你是懂得世界的
走到了歲末的臉龐
皺紋綿密額痕如刀深鐫

多少的秘密就典藏在這禁錮的谷中
任憑歲月的守衛在門封前耀武揚威
而你　一直活在我心中的記憶呀
卻無可奈何
直教人傍徨悠悠

雨依然這樣下著
咖啡香縷縷飄逸
心情還在往事細數
老花的夢早已在腦海中輕輕綻放

2011.11.18（原載於《秋水詩刊》第 152 期）

深　情

老先生牽著老婦人就要過馬路
年輕人的眼裡正想著些什麼
午陽下雪白的髮鬢
多麼耀眼
佝僂的身影闌珊的步履
滄桑如此地漫長

老嫗笑看老翁那歲月的痕跡
所有過往的記憶
此刻都青春極了
微微吹起的北風
如天空中那自得的浮雲
停格在那一雙美麗的眼睛裡
永恆從此被愛情禁錮

這一雙手還是眷戀的模樣
太陽拆不開
颶風吹不散
光陰帶不走

心是無鑰的鎖鏈
緊繫被篩落的背影
沒有表情的一條路
只見眼紅的燈光閃爍
年輕人驚醒回眸
感動走過他的心情

2011.11.20（原載於《中國當代詩人情詩集萃》）

邂　逅

嘉南平原的夕陽
很調皮
老是在窗外緊貼我的心情
想加速甩掉它嫵媚的顏色
卻又叫人欲窺它的笑臉
這就是邂逅吧
不然前面的風景招搖
為何獨留它的背影幢幢

想起在校園裡被學生的青春撞腰
回神才驚覺百年的慶祝會早已結束
建國了一甲子又過四十
彷彿革命昨天才停戰呢
姑娘們漫天的笑聲
就像一枝枝的響箭
刺穿了不願承認有中年標記的壯腰
誰還敢大言不慚地說
不惑

圓滾滾的太陽可曾迷失於自己的堅持
東西東西永遠只有一個方向一種單調
你的孩子氣是不是悟的隱語
你故意追逐我的心事
是因為你懂得風將吹往哪一個方向
還是你終於知道
夢的好處

2011.11.21（原載於《葡萄園詩刊》第 193 期）

不小心遺失了一首詩

突然想起了你
四下無紙勉強將你留在心裡
夕陽已經笑說再見
夜開始包圍記憶
北風也漸漸狂起
為了不讓你著涼
企圖以祈禱為你加溫
一直想起你的美麗
心情都沸騰了起來
腳步輕盈任夜色襲上眼眸
卻忘了年齡殺手在背後一擊
夜潰散了
風慢慢停歇
步伐只剩微微的嘆息
邂逅的那一首詩
再也無法甦醒

2011.12.1

高雄的夜

黑就這樣包圍了　港都
只見我的心
奔馳在濛濛的高速公路
指示燈乍醒的雙眼
恰似初開的曇花
讓人迷戀

曉雲微綻
將靦腆的天空
渲染成一片美麗的想像
驚起的冬鳥
提醒了惺忪的高雄
我來了
高雄　我來了
在你夜存的餘溫中
邂逅南方第一道的陽光

誰說長夜無情
北風不懂

只有夜奔的我深深知道
夢是夜的心
它是黑白交替間
讓旅人不再孤獨的
一盞明燈

2011.12.1（原載於《新文壇》季刊第 27 期）

寂 寞

喝醉的北風
對著世界狂囂
寂寞的人
凝望著自己的寂寞
竟成陌路
高唱一首歌吧
一首只在夢裡迴旋的歌
當曲終人去之後
風靜靜地甦醒
想起了昨夜微冷的背影

2011.12.2（原載於《域外拾芳草·現代詩歌》）

登高望心

孟冬翦裁了迷離的眼神
四方的天空如處子般靜謐
誰說北風不解人情
此刻它選擇流浪
為歲末思索新的方向

過去的世界就留給歷史典藏
時間吞沒了生命百態
且讓心情輕輕走過
夢也罷清醒也可
再大的不願總敵不過新年
一眨眼全化成了一縷輕煙

是輕愁吧
不然為何思念被記憶餵飽以後
乍見牆上單薄的日曆
寒意依然襲上心頭
未來藐藐
登上高樓終於愛上杜子美的感覺
在北風又回的黃昏

2011.12.8

雨　思

台南　微雨
風很安靜
心情模仿了陶淵明
忘機也一併忘了自己
冷漠的十二月
就要帶走民國一百年

那雨露是你的淚
還是偽裝的道具
耳機裡的恨情歌唱得震天嘎響
就是不見你的表情突變
是莊子的坐忘解脫了你
還是你消化了他的夢蝶

突然有想哭的感覺
生命常常發生錯誤
心機趁勢啟動了它的攻擊
一場場看似美麗的舞劇
都是空氣中那些無知的淒涼

要跨年了
微雨的台南
是否還有自己的真心
蕩漾

2011.12.12

在心中爲自己題詞

南方微雨
心情像極了窗外的行雲
已經把握不住的思想
你又何須叫它
安靜如昨夜的那一場夢

你的心已經流浪許久
就舉一面慈悲的鏡
了透這幻化的世界
企圖讓真理在迷濛中徜徉
是否能夠自如
這是無法詮釋的祕密

該以什麼形式將自己定格
從來都不是思想的命題
而今它欲逃離有限的軀體
你又何必這般掙扎
它還是它呀

等待雨歇之後
雲也離去
天空再顯微笑
也許那纏鬥甚久的慾念
會在夢醒時忘了歸途
再也不回頭

2011.12.13（原載於《掌門詩學》第 66 期）

讀文有感

琦君的母親和姨娘都已修成正果
反倒是我輩之人還在世上苦練
不就是一棵等待開花的樹嗎
樹蔭下曾有多少的心情走過
死別生離情仇愛恨　糾纏
冬秋夏春老壯少幼　輪迴
問紅塵為何如此這般
教人滄桑又讓人難忘

花開不開已經不是樹的問題
當生命再一次樹下走過
會為它嘆息的
那是輪迴未盡的夢囈
認同與背叛只是一山的兩面
山還是山太陽一樣移動觀照
藍天之下也只是一座山而已

為何總在失去之後智慧才能甦醒
又為什麼得在青春不再白髮猖狂

我們才知道鬥爭的可笑
髻無罪呀
是人活著也醉著吧
掩卷之後
琦君笑了
我也笑了

2011.12.18（原載於《掌門詩學》第 66 期）

心 情

太陽就這樣凝結
心情輕漾如冬天的漣漪
想你的季節還在等待
北風狂野地帶走僅存的夢

聖誕節的電影特別詭異
激動到最後
結局也失去了蹤影
任性停擺讓觀眾自導自演
心情得到了補償
竟是那單薄的兌換券

寒流也穿起了棉襖
受不了自己的脾氣
心情都凍成了一座富士山
還是暖暖一下表情
明天以後有什麼新的故事
就隨緣自適吧

2011.12.25

好　詩

好詩就像一杯酒
啜飲一口令人陶醉忘我

好詩是一位美女
攫奪目光以她的款擺婀娜

好詩恰似一本經書
哲理千古不變威風凜凜

好詩猶如一位舞者
自得在拋跳旋飛滾起之中

好詩彷彿一場夢
在虛實間領悟現實人生

好詩常常雲端御風
心情柔柔懷著絕世的痛快

好詩正是一艘船

張著自己的帆沉浮於海

好詩很徐志摩
轉身就是一片美麗和浪漫

好詩有時超現實
帶領思想翻山越嶺尋夢

好詩胸懷俠客豪氣
五湖四海任我行走不畏懼

好詩……
是文字在稿紙上頑皮之後
不小心排列組合的感動

2012.1.8（原載於《葡萄園詩刊》第 193 期）

曇　花

臉龐微冷
還有昨夜的殘淚欲滴
月總是不懂笑靨的綻放
是你唯一可以縱容自己的模樣
天空醒了
美麗註定殞落
而你　為這千古的宿命
矜持　不露怨懟
心情飄零依舊

2012.1.9（原載於《葡萄園詩刊》第 194 期）

北　風

在窗外叫醒了我的夢
卻亂了一夜的心情
溫暖的愛戀已經難回
徒留玻璃的顫抖數盡紅塵
十二度的南國是個哲學家
鋪陳那丈量不完的思想
任呼呼野風詮釋人間
轉身見你依然佇立窗前
而我心悠悠

2012.1.10（原載於《詠絮》第 21 期）

選前我思

冬意突然停格
杜鵑已經準備啼笑滿園
寒陽像極了一首詩
有宋朝的那一種 fu
道心在十字路口徘徊
紅綠燈容易茫然
選舉旗招飄飄
蘇學士看來也難以定風波了
世界轉身
狂笑

2012.1.11（原載於《詠絮》第 21 期）

共　識

選舉的熱情熔化了冬天
思想被炒得沸騰
我們在風中尋找顏色的共識
卻迷茫於猜不透的霧裡
水田漠漠鷺鷥凝望日出
總是看不清初雲的容貌
是美麗還是哀愁
心情與檳榔樹的倒影共徘徊
被蜻蜓點醒的和平夢
在漣漪中暴笑

2012.1.13（原載於《詠絮》第 21 期）

明　白

風起來了
將新月輕掛
遺失渡口的心情
放逐熱淚
孤星在愛的距離中懸宕
夢不過是一眨眼的笑

2012.1.20

念　雨

下雨了
你不在身邊
思念的花在窗前綻開

我的夢是悠悠的季節
遠去的你
是那夢中唯一的主角

清風調皮地逗弄著眼眸
淚水模糊了心情
這一場意外的雨
這樣悄悄地下著

2012.1.24（原載於《新文壇》季刊第 34 期）

飢　餓

午時的聲音叫醒了胃的記憶
就像在天堂裡聽見自己的心跳
忘了世界的殘酷
忘了窗外的鳥囀
就是忘不了
食物那美麗的模樣

2012.1.26（原載於《詠絮》第 21 期）

在眼眸中想起你的美麗

冬雨蜇進了我的心情
料峭的模樣從臉上滑落
世界失去了時間
遠方的景色漸漸地激盪

企圖在腦海中複製你的影子
只聽見濤聲陣陣被岸沙擁抱
褪去的是那再也無法追憶的殘淚
眼眸躊躇
任季風淪陷了視線

何時蒼穹又是彩霞滿天
想像你的美麗翩翩
飛舞於無法忘懷的夢裡
還悠悠的雨呀
怎麼就這樣飄進徘徊的心上

就要醒覺的心瞳
有的是揮不去的盼望

與你那早已成石的形影
好想再一次鐫刻誓言
無奈寒氣咄咄讓時間失憶
你又失去了蹤影

2012.2.15（原載於《中國當代詩人情詩集萃》）

鄰家阿婆

那一張慈祥的臉在斑剝的牆前盛開
微微顫抖的聲音卻被狂傲的太陽蒸發
只見柺杖斜靠著滄桑
深邃的眼眸還有昨日的美麗徜徉
飛白的髮呀可是褪了色的一場夢

看見您的歡喜
讓我想起了已經遠遊的奶奶
在金沙遍地的國度裡依然笑意盈盈
雖不見形體卻永遠存在
就像凋零的春櫻
將燦爛輕藏於澎湃的腦海
悠悠蕩蕩

一條路走成了一生
漫長也寫成了短暫
在人生的稿紙上
堆砌一城又是一城的驚嘆與無奈
翻閱時怵目驚心

掩卷沉思
但見最後的一滴淚淌成了句號
而故事繼續起承轉合
這是造物者的布局

阿婆揮手
告別了我的感動
懵懂的陽光仍舊囂張
難以自拔的眼睛
還在尋夢
如同您離去時留下的背影
教美麗換了新裝
而心情卻也成了永遠

2012.2.26（原載於《葡萄園詩刊》第 194 期）

被遺忘的日子

百貨公司被人潮淹沒
和平紀念日是什麼東西
專櫃裡沒有販賣
外頭的寒流正夯
裡面買冰的也忙碌著
一雙眼想掀開這繁華世界的臉
企圖搶救走失的心情
無奈那小孩無知的的笑聲
驚醒了堅強的思想
讓眼眸開始有了風雨
還有逐漸飄零的夢
只能祈禱
那心痛的幸福
不再是口號中縹緲的記憶

2012.2.28

寂　城

呼呼陰風吹響了戰慄的窗
是誰故布世界如寂寞的城
昨夜的那一場夢
不知原因又讓你悄悄出現
挽不住的手從心底滑落
恰似此刻被吹落的窗淚

心情就這樣被牆包圍
雲變了色而我依然是我
斑剝的記憶在臺階上響起
心跳聲毫無節制地擴大版圖
攻城掠地卻也只能選擇徘徊
想吶喊但見沮喪的城門
在暗處啜泣
窸窸窣窣與北風唱和

被歲月掩埋的那一口井
傳來呼喚悠悠
滄桑冷冷彷彿已等待千年

當歷史無情地控訴過去
還有誰能夠在喟嘆中狂笑
且讓淒涼繼續深藏

城已踽踽
依舊只有空窗佇立
歲月都寫成了序跋
孤影也該獨行天涯

2012.3.3（原載於《葡萄園詩刊》第 194 期）

心　尋

白雲在樹梢悠悠
穿透心境的是被季節吹來的風

好一段時間遺忘了幸福的模樣
曾經在匆促的腳步聲中尋找
也妄想於讓夕陽拖曳的長影裡
看見逐漸模糊的心情
感覺已然越走越是縹緲
而夢想猶如空中一瞬的翔鴿
教人低迴時烙印惆悵

是不是那蘺蘺的春草使人流連
還是飄飛的隕櫻太過於絕美
不然眼底總是迷離
而迷離是因為失途的美麗
抑或不能相信的風情

就讓往事輕輕躺在
那一朵有夢的雲裡

莫問心情何時甦醒
將要換妝的歲月呀
可否還有當初的熱血
讓賁張的情懷
找到落腳的歸宿

2012.3.9（原載於《葡萄園詩刊》第 194 期）

雨　春

濛濛春雨中
小傘顯得特別寂寞
不因冬天拂然離去
而是眼前這般景色太過美麗

寒風為伴的日子
總想著晴空下燦爛的世界
季節突然不告而別
尚在蟄居的好夢
被料峭的細雨喚醒
惺忪的心情無所停依

春天被帶雨來了
這是眼眸第一次甦醒的記憶
雨的滋味不能獨留窗內
所以讓跫音迴盪雨中
而我
雨的不速之客
與傘獨歌

2012.3.12

春　奔

我和我的心私奔
春風一路相送
祝福別在花的胸口
美麗蕩漾眼裡
可有你的身影出現
已不再是這個季節的選擇
夢想是行囊中
唯一不變的記憶

2012.3.16（原載於《瑞洲文學‧創刊號》）

一個人的早晨

一個人的早晨
木棉花殞落眼底
該傷逝呢還是笑向天涯
四月的風吹醒了春雲
旅人總是讓心踟躕
企圖在行囊裡將單薄的美麗收藏

路邊花它自開花
學林黛玉的孤芳
不容許旁物評頭論足
狂傲的車速掩飾世界的太平
只有它冷冷地輕顫一下
頭也不回

文字突然從報紙上飛了出來
難堪的拆屋讓政客笑了
百姓怒了溫度飆了
手裡的咖啡也造反了
人行道向我抗議

而我又該向誰
索回屬於自己的早晨

2012.4.1（原載於《新文壇》季刊第 28 期）

天使之愛

您是春日的晨曦
輝耀天地
讓生命迎向晴空

您是夏日的雲彩
悠揚塵心
將世界擁入懷抱

因為有您
所以我們可以仰望美麗
因為有您
所以我們可以充沛勇氣
因為有您
所以我們擎獻感謝的祝福
把愛永傳無限

2012.4.24

外 遇

美麗的毒物
讓人性在邊界徘徊

嘗它一口
很難回頭
不嗅嗅味道
慾望總是挑逗心情
惆悵就像螞蟻在身上亂爬
偷渡成功
歲月將會牢牢記住
讓故事永遠是新聞

毒性一旦發作
人生如夢正在演義
當你夢醒
而你已不再是你

2012.4.25

心情停留

走不出去的心情
被夏天留在房裡
恬淡的白雲
依偎著湛藍的晴空
像鄭愁予的美麗錯誤
唯恐又是一次無解的惆悵

窗外的那一隻大鳥
今天尚未敲醒我的雙眼
已經習慣有你的日子
可以讓時間學會如何暫停
而我這個容易製造心情的人
卻因為你的遲到
讓心情淹沒

晚上的超級月亮聽說很美
其實我更在意有沒有風
掠過它微冷的臉龐
正如我此刻期待的感覺

世界在夢中行走
我的心暫留窗前

2012.5.10（原載於《掌門詩學》第 67 期）

五月的意象

五月的陽光總是熱情
淡淡的風裡還有你的味道幾許
想世界不願如此寂寞
在恬靜的夢中
美麗的故事繼續上演

還來不來的雨季
牽掛著想飛的心情
有你無你的日子
這樣的選擇像潮水複沓著思岸
空眸印記不下一隻歸鳥
那企圖遠遁的地平線
就讓它自由
隨晝夜流浪

行道樹搖曳著生命的姿態
不想依偎車潮而改變自己
路上來來往往的功名利祿
不適合放逐的行囊

雖然只有身軀可以款擺
五月的快樂依然不離不棄

夢想應該從此起飛
有誰鎖得住幸福呢
讓淡定的風將它羼入心景
所有受過傷的靈魂
都將找到甜美的歸宿
在這五月的懷抱裡

2012.5.15（原載於《秋水詩刊》第 156 期）

生命交響詩

你是生命的交響詩
與璀璨的陽光在樹間共舞
你是造物者送給夏天的禮物
歡歡喜喜唱著世界的美麗
你是此刻心情的寫真
絕句無法形容你的本色
慢詞依然在心底悠悠蕩蕩
那位歌詠你的唐朝詩人
還在獄中想著自己的高潔嗎

你的美聲湧起
平凡的世界就變得奇幻無比
白雲微醺的笑容
讓藍藍的天空也覥腆了心情
企圖帶走天籟的縱貫火車
只能失望地徒留驚奇
在陽光也挽不回的背影之中

適合在當下圓起這一季的夢想

讓那看遍紅塵的雙眸
存有一幕的清麗
在你詠嘆調的迴旋裡
記錄曾經徜徉於腦海的幸福

醉人的樂章又冷不防地激起
所有的悲喜暫時遺忘於聲音的圍城
突圍　不是我的心情

2012.6.2（原載於《掌門詩學》第 67 期）

詩　雨

轟轟烈烈的雷聲
彷彿是你千里迢迢的呼喚
再也載入不下的記憶
就要消失在眼眸
那一首還在淌雨的情詩
被窗外的世界撕裂成了五湖四海
註定流浪的故事
又何須將它挽在心上
轉身時還有你的清淚幾許
教人牽掛卻也讓人無奈
雨籟淅淅瀝瀝
愛情的過客
在雨中繼續未完的詩句

2012.6.7（原載於《葡萄園詩刊》第 195 期）

舞 雨

在雨中跳著自己的舞步
多麼地浪漫與自在
離開了愛情的軌道
才知道四周的小逕是如此地不同
就像今天世界放棄了陽光
終於領悟生命被驟雨開了根號的心情
夢醒時分濕淋淋的故事
再也翻不開自己的扉頁

哭吧
就利用眼淚重新書寫雨季的故事
沒有人可以阻止情節該是怎樣的發展
鋪陳你的慾望鍛鍊你的想望句讀你的希望
當你掩卷時
別忘了和停留雨中的心情共舞
慶祝黑色美麗的完成
再高歌一曲擺渡情傷
詩文羽化
而你依然是你

窗牖又被黑所淹沒
空靈的螢幕出現了問號
今日竟是何日
夜又該是何夜
想念你離去後的風景
依舊

2012.6.12（原載於《葡萄園詩刊》第 195 期）

夜 雨

你在窗外敲打著我的夢
就如同此刻
我在螢幕前細數著今晚未竟的故事
雖然偶有鍵錯重要的文字
但這樣的存在也是必然的吧
喔⋯⋯不能不承受的黑色美麗

想你是懂得哲學的囈語
無論過程的長短
只意圖享受永恆的結局
正是當下你戛然而止的吶喊
還在我洶湧的心中迴盪
你那隱去的身影與風聲徘徊
縹緲呦⋯⋯暫時告別的愛戀

世上還有真情不變的傳說嗎
微冷的你企圖將夏夜驚醒
卻被蝴蝶啣走的夢
引你走進它編織的桃源幻境

夢醒已不再是你突然的造訪
而是我滄桑的等待
感動了子夜故事的開始
情人呀……何時再輕敲我悠悠的夢楣

2012.6.13（原載於《葡萄園詩刊》第 195 期）

備忘錄

—— 送首屆藝文班高二敬

想要收藏你的青春
所以將可愛的笑容浮貼
這樣的美麗也許能夠不朽
而我流浪的日記裡
將會裝載著你的心情
還有你那沉甸的思念
天涯翱翔

外頭的雨正傾訴著我們的故事
凝神細聽
眼前竟是你我初次相識的情景
再現
雨中的歌雖然模糊
它悠悠地唱我輕輕地和
飄蕩的不是天上來的水
卻是我開始思念的眼淚

害怕被歲月遺忘
因此我必須備忘
親愛的你將永駐我靜美的腦海
無懼年華褪色
時時將你複習

2012.6.14 于聖功女中（原載於《掌門詩學》第 67 期）

南方有雨

直挺挺的稻稈就這樣被豪雨打敗
無奈的眼神也逐漸讓梅雨侵噬
還記得太陽才狂笑過世界
過度的分貝使得大地敝紅
怎奈變了調的季節雨
亂歌雨神的祭曲
引來水瀑傾瀉
大自然一夕蛻變

暴雨轟炸台灣
電視螢幕秀出的身影
盡是殘山剩水片片
雨水和土石這兩個好兄弟
連袂在夜裡偷襲
災難寫在我們的眼裡
而無能為力的心情
只好隨著時間兜著圈子
滾滾江河何時可以心平氣和
能讓悲傷的人找到一條回家的路

夜又將要到來
害怕不懷好心的土石流
在黃昏裡竊笑
祈禱雲層外的陽光
黎明時穿透黑幕
無風無雨也無土石調皮地亂跑
世界再次展露幸福的笑顏
南方還是我們熟悉的家園

2012.6.20（原載於《蔡麗雙盃赤子情》全球華文新詩大獎賽專集）

梳 子

企圖將你泅泳的身體拋光
讓殘留於唇齒間如絲的記憶
悠悠沉澱在渾沌的水域

曾經被你爬梳過的夢境
依然徜徉著美麗
那些頑抗的煩惱
幾度被整飭得規矩
怎奈
昨夜的那一場雨
又讓它們悄悄爬上了心頭
理不清的今塵今事
梳不盡的情愁愛恨
請你再次帶走
這已經無法割捨的印記

想讓情字遁入空門
你的齒冷是否意謂著
存在只不過是一場遊戲

是徐志摩被康河禁錮的水草
抑或詩經裡那不甘寂寞的蒹葭
戀戀依舊

2012.6.23（原載於《掌門詩學》第 68 期）

雨 念

挥不盡的雨滴
掃不去的愁緒
在茫茫的窗前糾纏
你說這樣的天氣適合孤獨
我一時無語
卻在消失前景的路上
留下了過往的心情

是否醒眼時又是黎明的美麗
誰也說不定答案的身影
能不能不讓寂寞繁殖
當一切在世界中生滅之後
你還是一個你
我依然還是原來的我
這一道難題
雨都笑了

風也加入了今晚討論的課題
沙啞的聲音彷彿滄桑潰堤

和收音機那個忘情的主持人
一唱一和趣味十足
你突然擁抱著自己的靜默
讓方向盤迷失在我的手裡
車燈收起最後的鋒芒
黑夜終究吞噬了我們

2012.6.24（原載於《新文壇》季刊第 30 期）

答 案

命運已在風中招手
思想將語言枷鎖於方城
就讓它飛吧
總是這般地悸動

豔晴也好晦雨也罷
世界支配了靈敏的眸子
心情已被嚴雪覆蓋
那春天如何能笑陳千紅萬紫

命運已在風中招手
喜歡鬥爭的蟬浪
將幽幽的心事放逐
在天地的盡頭載浮載沉

秋夢撐破紅塵
拈起凋零的霜顏
失去表情的思痕
還有命運暗記的胎影

2012.6.25

考　試

它是一把無形的刀
一刀可以剖開美麗與哀愁
是誰發明了這把刀
刀不見血卻刃刃有淚

它是什麼品種的一把刀
可以讓你成王
轉瞬又將你通緝為匪
它烙印著每一個人的宿命
它鑴刻著成敗者相似的神情

它是春夢一場
叫人回頭時無風也無雨
卻又在遠處挑逗那猖狂的慾望
放不下的是它
耽溺成了最沉痛的回憶

2012.6.26 于監考中

不 渝

有你的日子是絕美的夏麗
山巒在遠方淡定
我站立此處只為耽溺於你的神韻
總說不定自己的心情
你在裡面還是一直在心口徘徊
想你是疑惑於我的表情
所以無法勇敢踏進我早已空蕩的心房
親愛的你呀
世界已經如此迷離
我們必須學會牽引著自己
有一天一定會有這麼一天
當你聽見我洶湧的心跳呼喚著你那模糊的姓名
這表示我已然愛上你的純美
永遠不渝

2012.6.27

記憶風景

故鄉的雲在我的心裡徜徉
思念的顏色於微風中輕漾
溪流潺湲呼喚旅人悠悠的心情
將自己倒映在田眼的鷺鷥呀
你還能追尋夢想幾許

看著青春在水色中褪去
蒼蒼白髮早已淹沒了歲月
不老的只有遠方的山影巍巍
依舊細數著
兒時的甜美
　　年少的狂放
　　青壯的苦澀

停雲美麗地高踞天涯
滄桑凋零而記憶飛起
相機失焦快門迷途
再也按捺不住的蟬吻
告別這一季牽掛的風景

2012.7.1（原載於《府城藝苑》第 23 期）

月　空

七月既望
月正當空燦笑
禪定如風
唯有心情澄澈與停雲相伴
世界在規律的呼吸中夢囈
能有幾人可以覓得今宵的美麗
獨醒何時成了一種專利
絕色不睡卻也難與俗士言哉
夜的過客
思想悠悠

2012.7.5（原載於《域外拾芳草‧現代詩歌》）

東豐物語

窗外
車來人往的東豐路是我的心情
當木棉花悄悄殞落心底
我知道那纖弱的黃花風鈴已經微顫於枝頭
就在夜轉身的時候
靜臥人行道上
讓早起的雙眼受到滿瞳的驚惶
春風卻悠悠蕩過

夏天將阿勃勒帶到世界的幕前
它故意抖落了一身的黃雪
讓心誤以為臺南的天空如此詩情
鳳凰在枝頭齊聲高鳴
我的心情欸乃一聲
才擺渡過了前程的幻想
怎奈半途豔陽四射
箭箭正中溫度的紅鵠

颯颯的風讓秋心揚起

過了漫漫的十字路口
才想起忘了讓陽光繫住白雲
別在心情尋找渡口的時候
還無端遮掩邈邈的方向
四面葉歌紅塵變了臉
黃昏寫在大王的重瞳
虞姬無奈腸斷東豐亭

終於還是來到了灞橋
夜已重生
橋水粼粼柳條翦冬
疑是月光相送野風欺心
問窗內的人兒
今夕已是何夕
窗燭莫翦更待我三生石裡的
東豐一夢

2012.7.7（原載於《府城藝苑》第 23 期）

情 繫

── 觀「桃姐」有感

很難說明為何天底下的雲朵繁盛
就屬這一朵此刻悠然飄進我心
無法描寫秋天讓葉子流浪
是什麼因緣讓西風帶著它看盡天涯
真的想不透究竟是誰發明了命運
將人情牽繫得這般疏離卻又緊密

有沒有一個答案叫做永遠
有沒有一種歲月烙印幸福
有沒有一雙眼睛記憶悲傷
有沒有一顆真心收藏故事

不變的是停格的時間
不常的是翻新的空間
不笑的是冷冷的造物
不哭的是酷酷的現實

電影結束觀眾的心事寫滿了如星的迷惑
一晦一明之間似乎看清楚了人生的解釋
在散場之後回首初上的華燈
前程只有踽踽的影子為伴

2012.7.13（原載於《海星詩刊》第 6 期）

醉美的滋味

—— 記《葡萄園》五十周年慶

葡萄美酒一釀就是五十年
我只耽飲了八載就足以醉了一輩子
天成飯店老少齊聚
感動直達美麗的臺北天空

半世紀的歌聲唱得如此嘹亮
社長在臺上繼續將它詠嘆
那清越猶似翻嶺的山風
而揚拔是海濤的激昂
我們陶醉也神遊葡萄園的精采時光

詩人在意象中寄託生命
在詩刊裡分享彼此的心情
健康明朗的葡萄園盡是滿滿的故事
臺上老詩人的回憶為何這般年輕
彷彿電視牆上那直播的新聞
教人震撼深深

五十年呀五十年
讓我遐想的半世紀
多少的情懷在今日離去後開始
感謝這可愛的時光數線
讓每一首好詩典藏在這奇異的寶盒
有喜有悲還有我們彼此相守的夢築成
這結實纍纍的葡萄園

2012.7.18（原載於《葡萄園詩刊》第 195 期）

擂 茶

不知不覺就擂出了快樂的鄉愁

小時候
祖母用它餵飽的我轆轆的饑腸
離家之後
母親暗地裡將它放入我的行囊
長大了
妻子買它來解開我糾纏的胸膛

如今年過半百
把所有的心情和在這小小的杵臼
為的是將那熟悉的滋味推磨
推磨出對奶奶的想念
推磨出對媽媽的感謝
也推磨出我老了以後
眼睛茫茫耳朵紗渺
卻依然還可以嗅到的味道

嗅到了年少時候的幸福

也嗅到了悲歡離合的苦楚
再推　那是故鄉的背影
再磨　那是爹娘的呼喚

不知不覺鄉愁擂出了深藏的淚水

2012.7.24（原載於《掌門詩學》第 68 期）

過　客

打雷了
雷聲中可有你的心情
其實我們是彼此的過客而已
就算擦身而過
也無須太過於驚慌失措
更不必在心底強留令人牽掛的記憶

世界不就是窗外的這一場狂雨
當真理傾瀉之後
就會像那一朵夜綻的曇花
為燦爛生命在瞬間消失了美麗
那我們又何必讓快樂跌宕
造成了幸福的意外

想問問從時間走來的你
流浪可有最終的方向
就把自己放在雲的深處
等待最後的一聲雷吼
將未央的旅程
寄託於茫茫的風塵中

2012.7.25（原載於《葡萄園詩刊》第 196 期）

明 天

不小心把明天也一起撕了下來
孤零零的掛曆越發單薄

時間無形也無情
在褪去的容顏裡告訴我們
生命就是那一張張被遺棄的紙曆
更糟糕的是
凡夫粗心地一連撕去了幾張
驚覺時已是黃昏斜影

明天還存不存在
不會只是哲學上的功課
就像颱風來了它也去了
外頭的雨是醉酒的狂士
再如何地撒野胡鬧
醒了　茫茫的眼神中
依然會有幾許的迷離

美麗的容顏被我們從青春撕成了蒼老

還不小心揉碎成了更多的滄桑
清醒如果會痛
我願是那窗外的風雨
來過以後消失無蹤
而明天就讓它留在今夜
想像

2012.8.1（原載於《葡萄園詩刊》第 196 期）

鵝鑾鼻的風

藍藍的海風擁抱著我的心情
三十三度的鵝鑾鼻熱情如火
燈塔巍白旗幟綻紅
徹醒了我的眼
南疆勇士在此

突然想為你高歌一曲
看看能否媲美陳達的思想起
又怕恆春笑起了我的傻
害的我欲唱卻止
這是鵝鑾鼻的深度
連風都調皮地掀走了我的夢

下了坡
挺拔的椰樹猛然搖頭
鐵定又是風的唆使
它們才敢如此猖狂
挑釁我無法退潮的情懷

到了出口驀然回首
才驚覺那是它在向我道別
一時臉紅如同這裡慣有的熱情
思潮激動地拍岸
好心的濤聲趕來寬慰
我帶著忐忑告別了心儀的南風

2012.8.5

安平夜色

沉默的安平是一首詩
晚風拂過飄逸的心情
夜色婉約
月朦朧運河悠悠

老巷斑駁
帶著靦腆幾許
讓旅人分享它輝煌的滄桑
華燈璀璨了記憶
歷史的詭譎這般暢然

捉摸不定的故事
還在眼裡流轉
又是回音陣陣徘徊耳際
想世界不願夢醒
望月橋上隱隱的身影
踽踽依舊

2012.8.8（原載於《府城藝苑》第 23 期）

夜雨寄夢

驟雨來襲
夜突然驚醒
又是響雷一擊
矇矓的世界
乍開它將垂的眼簾

燈黃與時針唱和
屋子已被無名的微波佔領
腦海洶湧
心船靠不了岸
何時有夢
天方夜譚

雨聽見了我的寂寞
和我無法按捺的睡意
慢慢地收回自己的狂放
在子夜的輪迴裡
輕輕離去

2012.8.9午夜（原載於《葡萄園詩刊》第196期）

跆得好

凌晨四點
夜雨正暗沉
尚醒的心情
只為電視上那一個
台灣的驕傲

上場了大家的期待
轉身旋踢正面攻擊
讓對手嚇得發狂
將台灣跆向世人的眼裡

吼聲不歇銅牌到了手
旗正飄飄你真的是英雄
為你喝采
台灣精彩

2012.8.10

雨　眠

隨著雨的節奏
我的筆遊走於漫長的夜晚

狂雷急吼
是不是因為奧運跆拳失利
向傾斜的世界吶喊
今宵雨聲淒厲
過去的婉約隱遁
無懼　銅牌再戰

為何夏的雷雨
總是選擇夜半叫人難眠
是心情還是夢的精靈
企圖以故事餵飽我的筆

雨不停地下著
孤眠客微笑
聽雨

2012.8.11 凌晨

情人節

終於知道我是自己的情人
今天我要向自己告白
不平靜的世界造成我與你的分隔
廣漠深邃的愛恨情仇
難以洞悉的真理人性
還有耳際雜亂的紅塵
將我的我二分之一成了你的你
原來銀河只是一條情索
一條不容許隨意跨越的夢
當月升起喜鵲嘰嘰喳喳地鋪橋
我會在時間的轉彎處等你
等你一如曾經擁有的等待
不變的
依然是我的守候

2012.8.23 七夕

七夕雨

一夜風雨
不知吹落了多少的心情
窗音鏗鏘猶如萬馬馳騁
幾近顛狂的樹影幢幢
忐忑的思緒也搖擺不定
唉！被天秤佔領的秋晚

有雨的七夕
憑添幾分的惆悵
千古不解的愛情
我們怎能期待此刻風平浪靜
颱風頻頻來到世界
淒涼的故事永遠得不到真正的祝福
就當它是一場夢吧

雨依然下著
可有我的期待在雨聲裡徘徊
今宵過後
美麗是否依舊在飛葉中翱翔

我深深地祈禱

2012.8.24（原載於《葡萄園詩刊》第 196 期）

註：「天秤」是今年初秋的中颱。

孤　眠

這樣的夜
我該想起了誰
安靜的子時
只有輕得可以飛翔的音樂
與尚未入眠的夢相對
燈影孤單
鐘聲是它唯一的安慰
問心情如何
總是沉默
這樣的夜
我該想起了誰
窗外的微風
正耳語呢

2012.8.26（原載於《掌門詩學》第 68 期）

獨 白

不想被這個世界包圍
所以選擇暫時離開了自己
任早到的秋風在窗前輕叩
沒有叫囂的真理沸沸揚揚
一個人的下午愉快莫名

黑夜就這樣綁架了夕照
無法控訴的漫天彩霞只想逃亡
吶喊是海上微微輕綻的浪瘱
巨帆無視心情的忿忿
徒使惡夢將美麗禁錮

中秋又要到來
安靜的月光分外詭譎
一切的不動卻是如如所動
貓咪睥睨的眼神叫時間忐忑
在鐘聲悠悠的子夜
等待太陽的笑容
就像孩提時的睡夢中
那一篇從不褪色的甜蜜故事

2012.9.23（原載於《葡萄園詩刊》第 197 期）

釣魚台

你是東海上一顆無價的寶石
人人宣告你是他們的寶貝
卻又不敢明目張膽地將你套牢

你是三角習題裡難解的答案
在所有的公式裡不容易找到你的歸屬
任何的角度也都無法確認你的方向

你從來不知道自己的特別
因為你是這麼的平凡
適合觀景釣魚不要紅塵擾擾

你從來被關心和慾望包圍
深怕被寵壞了思想
所以你冷冷地看著世界的喧囂

其實早已被歷史鎖定的你
唯一的血統來自台灣
那個名叫中華民主共和國的地方

不要驚惶
只要將釣竿往南方甩去
就能勾連你生命的源頭和籍貫
我親愛的兄弟 ── 釣魚台

2012.9.28

心情速描

此刻心情失去了表情
被學生的嘈雜凌遲
因秋天的善變無奈
雖然窗外的陽光企圖引誘
走不出去的思想
踽踽於生活稿紙裡純粹的終格
這裡沒有戰場
只有玫瑰和百合的呢喃
在我將要逃亡的感覺中
叮嚀春風已經不遠
行囊裡且留自己一方的空明

2012.10.8（原載於《新文壇》季刊第 35 期）

胎 夢

紅樓夢說男人是泥
女人是水
婆婆只准媳婦夢見長長的蛇
卻不許她想到一朵花
生氣的老婆加上無奈的老公
只好選擇敬花神而遠之

蛇終於領悟到了自己的寂寞
是因為美麗的花與牠永遠是兩個世界
花是原罪是無嗣的原兇
蛇也深深體會了自己的邪惡
是由於花拒絕了牠的崇拜牠的愛慕

夢有罪女人有罪男人通通有罪
寶玉沒想到蛇才是泥做的
那個婆婆更不知道花是水的同伴
而水終究還是會把泥給帶走
但孕婦夢中的那一朵可愛的花呀
誰說夢醒之後

它不是那一條搖搖擺擺的蛇呢

2012.10.12

註：今天見報載某地一位媳婦夢見美花，其婆婆心想是
　　弄瓦之兆而疏遠之。

祝我生日快樂

祝我生日快樂
那是母親以痛苦織成的美麗

祝我生日快樂
這是上天將磨練賦予生命的開始

祝我生日快樂
走過的春夏秋冬都看見了成長的喜悅

祝我生日快樂
還在演義的悲歡離合教人了解生活的真諦

祝我生日快樂
窗外的陽光轉身對四十七歲的心情莞爾一笑

祝我生日快樂
學生的歌聲唱出了我想擁有青春的夢想和覬覦

祝我生日快樂
只想叫那西風別呼嘯臉龐讓已經飛白的情絲蒼老

2012.10.25（原載於《府城藝苑》第 23 期）

李白在天上

強烈的亂流就這樣攬腰撞上
還在睡夢之中的飛機
卻怎麼也顛簸不醒早已狂醉的你

習慣在天空中讀你
滄桑與豁達雜揉的心情
只因為你一再地叮嚀蜀道難行
而我又愛上了你擁有專利的月亮
所以不得不望著窗外
苦苦搜尋那曾經照耀過盛唐
讓人看了也會陶醉的明月

今天夜色迷濛雲翳亦深
找不到你曾經愛戀過的長安夜月
就讓你靜靜地躺在我微溫的懷裡
傾聽亙古嚮往的心跳
自中古到現代
從你到余光中
叫人墜入如春天千紅萬紫般的美麗

尋你的瀟灑在茫茫幽空
我依然悸動的情懷呀
終於找到了歸宿

在飛機上不適合與你把酒言歡
你那惆悵的表情總叫人看了心疼
就敬你一杯可以同銷萬古愁的詩酒
來解解你的酒思
還有你那早已解破人生的密碼
明鏡白髮青絲暮雪

當亂流離去晨曦招手
可還有撢不走的逐客感覺縈迴
我無法抽刀斷水
更不能舉杯澆愁
是你的眼神讓我知道了夢的意義
也明白了為何再怎麼狂傲的氣流
都無法催促你的醉意驚起
世界就要甦醒
我與你一同在陽光粼粼的雲層中
睡去

2012.10.27（原載於《葡萄園詩刊》第 197 期）

青 春

青春是個驛站
漂泊人生的逗點
陪你走過春夏秋冬
享受紅塵滾滾

青春是讀不盡的象徵
寫不完的意象瘋狂
制度扼殺不了
沉重的書包也壓不垮

青春是燃燒的叛逆
熊熊大火翻醒了世界
讓輕愁化為灰燼
心情卻高溫依舊

青春是一首悠悠的歌
流浪時帶著它
作夢時想著它
苦悶時播放它

青春呀青春
當我雙鬢飛白的時候
你依然在我的心海漂蕩
叫人顛簸難耐

2012.11.3（原載於《府城藝苑》第 23 期）

莫言之言

如翻黑的陽光撲向美麗的湖心
早到的春顏夭折
心跳彈不起
村上春樹暗藏的玄機
生死邂逅
在世界的吵嚷中
成了飛雪片片

2012.11.19（原載於《新文壇》季刊第 35 期）

在冬季想念自己

一個人的咖啡
吞飲了整個下午的心情
北風將掛曆吹得愈發單薄
哆嗦的歲月
是否還有你的夢想
仍在滄桑的季節裡獨行

雜遝的人群走散了我的心情
好久不見的黃昏
又在羞赧的紅牆上呢喃
往事在風中細數
那被時間拓長的背影
湧動的印記依然如昔

就要星月滿天
離去的思念
還在記憶的入口徘徊
等待已經成了習慣
流浪的筆記簿裡

可還藏有最初的心情

再讓自己瀟灑地選擇生活
莫管窗外的世界如何地笑著
當咖啡飲盡了所有的心情
回眸時
冬季的星眼陪我笑向天涯
而我依然是我

2012.12.2（原載於《葡萄園詩刊》第 197 期）

祝 福

痛苦的事情留給痛苦去想
快樂的心情且讓它在天地間飄逸
複雜的世界需要簡單的密碼
才能解開額肩深鎖
別在心情上添加任何形容的詞彙
就留下空格給明天想像
這是一種慈悲
對自己最大的祝福

2012.12.3（原載於《新文壇》季刊第 35 期）

重　生

世界末日，今天
你還好嗎？
今天，冬至來了
你收藏了幾粒湯圓呢？
寒流，今天，偷襲
窗口緊掩
讓星期五的美麗顫抖
想問候你，你在哪裡？

打從你離去之後
自由就放任了心情
想你也好，忘了你也好
這一個世界都是那個樣子
喜怒哀樂的容貌不曾改變
狂傲的北風，叫囂
依然是記憶中的聲音
熟悉的冬季戀歌

再幾步就要換個年頭

縹緲的青春，好遠
踽踽的前途，甚近
還好世緣沒有走到盡頭
你又可以重回自己的懷抱
迎向新年

2012.12.21（原載於《掌門詩學》第 68 期）

迎 新

微雨中獨立
心情茫茫路口徘徊
這樣的冬天
世界的真相容易瞭解
雪來不來是季節的選擇
而你會不會出現
卻是我心中故事的取捨
幾度忘卻又是幾多的依戀
恰似夢的初醒
總叫人捉摸不定

向 2012 告別
這漸漸模糊的一年
新的等待趕走了不捨的時間
企圖淨空心情
北風突襲卻讓思想戰慄
跨年的天雲幾番悠蕩
可有自己獨存的空間
拒絕路上那些傲慢的攝影機

我無意為現實留下痕跡
所以不得不隱藏最深的記憶

安平的風吹散了歷史的滄桑
摘下可頌的故事讓生命收藏
懷念不再是個夢魘
轉身之後
又是一片濤風習習的自在
有你的濛濛還有我的悠悠
海風的呢喃猶如春天的體溫
告解了冬天
隨新年雲行天涯

2013.1.1（原載於《新文壇》季刊第 31 期）

寒　夜

狂風颯颯
吹亂了心情
夜的睥睨
嚴肅了世界的容貌
冷氣團沒有保留的放肆
驚醒了溫室裡的美夢
還有誰能夠忽視北方的壓力
那一股傲慢的氣勢
直叫天地收斂它的威儀
臣服於孟冬飄飄的令旗

2013.1.12 午夜

在冬季想起了你

油桐樹掬起雲的微笑
而你卻漾開了我心裡的感動

春天就要突襲冬的款擺
難得一笑的陽光燦爛
悄悄踅進矇矓的窗眸
期待北風停歇以後
能夠擁抱你的萬紫千紅
在夢醒時分

微暈的世界還有幾許的靦腆
心情洶湧被冷風笑語癡癲
一杯微涼的午茶
企圖帶走塵封已久的故事
黃昏卸了妝
在夜的圍城中
我們都是孤獨的人

天空終於失去了自己的顏色

且讓彼此的寂寞相互取暖
不再推辭這命運的安排
那一顆最閃亮的星辰
將會引領迷途的靈魂歸去
空蕩的市街
轉身之後
沒有原因的靜謐在胸膛裡擴散

而我
一個樹下想你的人
繼續收藏這樣的感動

2013.1.13（原載於《海星詩刊》第 7 期）

渡

歷經紅塵洗練的花
深知自然的精湛與純真
度過世俗淬煉的人
常存生命的境界和美麗
如同春風擁抱冬天的心靈
融化的是季節最禪定的遞嬗
一切的慾念都化為路上不期而遇的
那條小河悠悠擺渡
牽掛無處

明天你就要剃渡輪迴
選擇只存空境的幽幽小逕
堅持離開人間大道
也許踏過盡頭
來時路即將消失
而你的袈裟飄飄
不帶走世界任何雲彩
卻在晚霞滿天中
鐫留一方大千妙域

同欣羨的眼神共居永恆

哲人將去
到佛的懷裡慈悲眾生
我歌詠相送
雖無柳贈卿
但祝福已然填膺

2013.1.18（原載於《葡萄園詩刊》第 200 期）

是誰暗殺了一首詩

夜色突然茫茫
星月霎時褪去了光輝
那一隻不聽使喚的手
讓思想的蓓蕾頓時萎縮
最終被螢幕消滅

早已習慣將心情深藏手機
模仿時尚的日記寫法
成了自己記憶的輪迴
從周一到禮拜天形影不離
就像上帝與子民

也許忘了禱告
也許造物者還不熟悉前衛的表現手法
也許是失控的手想享受自由的快樂
趁著無風無雨的冬晚
讓躲在備忘錄裡的詩句
悄悄地溜走

今夜失色心情惶恐
叫明天也不敢早起
睜亮的眼會讓世界傷痛
意念空空蕩蕩
留不住夢想的身影

2013.1.23（原載於《葡萄園詩刊》第 200 期）

聽 海

鹿耳門的風特大
心情漲潮
卻也掬起了海門的孤單
夢中的時空驚醒
歷史的滄桑牽引過客的遐想
讓冬季詮釋了自己

春天的跫聲依然邈邈
燕子的呢喃杳無訊息
想問問消失的故事中
是否還有我的狂少依舊
不然已經斑駁的鏡子裡
那熟悉的容顏為何遙遠

夜幕即將低垂
讓方向無法辨識自己的存在
空氣微冷激動的思潮退卻
唯有昔日的形影流連心口
與海風共舞

2013.1.27（原載於《掌門詩學》第 70 期）

參　透

太陽篩落了影子
蚊子卻咬醒了夜夢

星星一顆顆墜入蒼茫的腦海
北風失去了方向
在耳朵裡嘀咕些什麼

心情一點也著急不起來
早已習慣了自己
習慣地等待天空甦醒
管他黑色浪漫的誘惑
參透的永遠是
真理布局的形形色色

2013.1.29（原載於《新文壇》季刊第 34 期）

午夜之歌

莫讓思念的琴弦彈得太急
心情共鳴會氾濫成狂

離別寫的那一首歌
是否還在你的心底詠唱
很想重操舊曲
為恐再次撩起心海的餘濤
淹沒平靜的岸頭

夜已經深了
往事的回音卻是這般地清晰
不能不想起你的身影
明月那一輪唱盤
讓我陶然

2013.1.30

小龍年晨景

霧鎖山林
關不住川流湯湯
鳥驚新春
大地奮起迎朝陽
公雞報喜
田禾昂揚水泱泱
四方空濛
有我的心情飛蕩
美麗故鄉
真是人間好天堂

2013.2.11

聽 石

山間小溪那迷情的水聲
誘惑了我的眼
牽引了我的耳
還洗盡你千百年來的滄桑

林蔭濛濛
鳥以啁啾起伏了時間
隨著微冷的歲末風
將這一片盆地鋪陳為桃源

川石生命的姿態
記憶了春夏秋冬的容顏
讓悲傷與歡愉相約流浪
直到夢醒世界空無

你的呼喚在水中鍛鍊未來
企圖不讓命運轉動古今
將長堤上的過客佇留
寄託深長的祝福

2013.2.13（原載於《葡萄園詩刊》第 198 期）

春　邂

向日葵將新年迎接
笑容綻放秀髮飛散
絕美了世界
燦爛了心情

周日的早晨春霧茫茫
如迷的風鈴花叫人駐足
太陽讓時間醒來
卻留不住隨風而去的歲月
等待變成了明日的專利
瀟灑是此刻的代名詞

何時你才懂得風的陷阱
不再轉身為情而殞落
遍地嫣紅是你記憶的殘淚
徘徊的嘆息聲是我眼裡的悲傷
英雄也會遲暮
飄零的木棉花呀
你可知生命是難以書寫的囈語

2013.2.22（原載於《葡萄園詩刊》第 198 期）

觀瘋狂達利特展偶想

當時間被軟化
那狂草般的達利
是不是也會跳出時間之外
與我相逢

當抽屜突然打開
達利的夢想會不會溜走
天鵝驚翔大象奔騰
多美麗的嘴唇
啣住了我悠悠的心情

當勝利的天使向蒼穹奏鳴凱歌
蝸牛的觸角是否也收到了上帝的祝福
將現實與神話融成了達利的眼神
讓夏娃亞當蛇三位一體
世界從此夢遊
悲觀不再

達利笑了
我愛上了我的超現實

2013.2.24（原載於《葡萄園詩刊》第 198 期）

奧斯卡

我的元宵夢宿醉未醒
導演李安手上的小金人
卻讓台灣跳了起來

少年 PI 的奇幻漂流
還在我的心海裡盪漾
電視機裡傳來的歡呼聲
再讓汪洋掀起了巨浪

今天哲學戰勝了政治
林肯也甘拜於少年郎的意志
讓人目不轉睛的掌聲
果真鎮住了全世界的眼

這迷人的奧斯卡
激起了血脈中冷卻的溫度
與窗外燦爛的春花唱和
為李安喝采
小金人的美麗將在心中不朽

2013.2.25

首 勝

王建民的伸卡狠狠地將袋鼠封鎖
彭政閔冷不防的球棒一閃
轟下經典賽的首響大砲
郭泓志的強投林智勝的妙接
全場的歡聲雷動
臺灣就這樣興奮地拿下了世界第一勝

這個小島總是像春天一樣地燦爛
各種的驚奇如海峽浪頭般地鋒健
籃球棒球小白球球球都能迷人
姿態不同背影卻相似於玉山的挺拔
這場的勝利果真打出了泱泱的臺灣

冷氣團陣陣地南下
依然敵不過場子內的熱情

被蒸騰的是我們共同的氣勢
可以直達天聽
化為榮譽與驕傲籠罩全臺
勝利是我們停不住的歌聲

2013.3.2

註：2013 年世界棒球經典賽於臺灣臺中開打。首場由中
　　華與澳洲交鋒，最終中華以 4 比 1 擊敗對手獲得首
　　場勝利。

勝轉逆

勝利突然被失敗的漩渦吞噬
已經滅頂的希望
還在夢中驚醒
旋即又被黑夜兼併

那倒映在電視前的心跳聲
依然清晰地蒸騰著溫度
彷彿一夜就將人生四季展演完畢
心情不斷地上場搶盡了風頭

窗外許多不確定的星星閃爍著疑問
留在胸膛裡的惆悵仍然在眼眶內徘徊
要選擇離去還是佇立於深邃的期盼
風靜地懾人
失眠將是今晚的結局

球該奔向何處呢
等待下一次的逆勢迎面而來
風起時

成功的夢想將在心上綻開

2013.3.8

註：今夜世界棒球經典賽東京複賽，中華隊被日本在延
　　長賽中逆轉為敗，心中無限慨嘆，是為記。

微笑的魚

— 贈醉漁居士王宗業大師

風鈴花開了
綻放春天來到了人間
因北風而緊鎖的記憶
此刻都成了信子飄飛
枝頭上那朵朵的美麗
倒映心湖瀲豔了天地
悠悠的魚兒盪起漣漪
恰似居士閒淡的笑靨

杜鵑花開了
在微寒之中擁抱春天
嬌憨的陽光輕吻臉龐
快樂蔓延於人間天堂
紅的豔白的淨粉的韻
像極了畫筆下的魚兒
在水中風裡從容自在
傳情的眼神讓心陶醉

木棉花開了
挺著英雄的氣概昂揚
向天空媲美自己的夢
世界廣大如藝術無限
飛奔的精神令人欣羨
幸福的魚在春中吶喊
旋起浮生的希望激盪
魚夢是您美麗的想像

2013.3.10（原載於 102 年 4 月 6 日《中華日報》副刊）

解　惑

心情貼上了 OK 繃
黃昏還是隱隱作痛
是生活的傷口太深
抑或對你的依戀
難以忘卻
世界總有些許的意外
為何晚風縈迴
困惑了眼眸
劃過夢想的青鳥
可有屬於我的星語
在春天羞赧的臉龐上
綻開笑靨

2013.3.11

觀立體書的異想世界有感

你是我的立體書
那些文字藏不住的心情
你都願意接納
無論是晴天還是有雨的春日

每一次的開闔都是緣份的起滅
不知你是否懂得這美妙的存在
抑或是故意讓我的好奇將它鎖定
玻璃窗的倒影蕩漾
讀你已然是這一生
再也無法取代的美麗

有人說你是小孩暫時的寶盒
可是親愛的立體書
你曉得那不變的赤子心
每每牽掛的
是那曾經屬於天真的記憶

就要走到出口

回到屬於我的現實
告別只是一種形式
重逢早已讓天註定
關閉殘餘的難過
將思念帶進你依然悠長的夢境

2013.3.12（原載於《掌門詩學》第 70 期）

情　逝

風鈴花褪去了春天
還有什麼美麗能夠深藏
想寫一首詩送你
偏偏英雄樹捕捉不住晴空
夢在夕陽中逐漸溜走
尚存多少的心情隨風飛散
椰子樹一直搖頭
我的思緒也不停地跌宕

2013.3.16（原載於《掌門詩學》第 69 期）

騙 局

木棉花燃燒著春天
寒流拂去了思念的滄桑
行道樹覥腆
搖著困惑訴說再見
旅人頓時無語

愛情是蝴蝶布下的棋謎
故事結束突圍正要開始
過河時忘了城池已滅
回頭只見高牆嶙峋
風吼依舊

春天放逐了木棉花
煽情的韻紅在風中款款
飄逝的美麗帶走了殘愛剩情
行囊裡紅樓夢的歌聲
靡靡

2013.3.17（原載於《掌門詩學》第 69 期）

臉上長了一棵樹

臉上長了一棵樹
它的年輪正逐漸擴大
年少時爬上爬下
以為世界不老
青春未曾褪色

而今樹葉聞風色變
再也爬不到的天空
讓心情踟躕
眼神踽踽

就剩孤拔的樹幹
年輪模糊了思想
凋零的記憶
風中飄盪

2013.3.20（原載於《掌門詩學》第 69 期）

終　點

午夜的街頭
那不停眨眼的紅綠燈
伴著等帶的心情
與風共舞

過了子時
你依然未現蹤影
闃黑的天空透露著詭異的笑容
霓虹燈在遠方招搖
萬般無奈的心情
如同隱去的星月

徘徊的十字路口
早已失去了方向
煢獨的行人
又該駐留在哪個終點

2013.3.23（原載於《葡萄園詩刊》第 198 期）

花東情事

在太平洋的海風中
聞嗅到了花東的香甜
雲霓在空中悠盪
倒映心湖揚起情漪
令人不繫的仙境
這是台灣美麗的後花園

幾度在縱谷中忘卻自己
在叢山峻嶺的懷抱裡
開始學會真正的呼吸
那是母親一樣的胸脯
孩提時依戀的滋味
永遠的夢鄉

崖濤突然翻騰
巨浪高唱生命之歌
牽引我試圖卸下塵妝的心跳
但見祥鴿翳入黃昏
夜已悄悄帶走了你的背影

寂寞拈花
微笑依舊

2013.3.25（原載於《掌門詩學》第 69 期）

雲 想

無聊的等待讓時間羞赧
幾乎停止的北風令人不安
雨這般踟躕地殞落
叫心情如何苦守著天空
也罷
配合這個城市的心跳舞踊
或有不同的際遇出現吧

三月的世界味道總是特別
在澇旱必須抉擇的日子裡
花香溫柔了春天
詩人想盡了美麗
就是無法將它寫成一首
季節帶不走的夢境

地球轉動得太快
讓生命暈眩方向迷途
期盼在思緒逃亡之前
回憶可以依著離心力歸去

行囊中還有泛黃的誓言
那些年曾被自己鐫刻的永遠

雨仍舊這樣地徘徊
絕版的青春早已縹緲
中年被心事貼滿傷口
被歲月笑掉的踽踽背影
竟是自己再熟悉不過的摯友
當等待成了錯誤的過客
突變的時間已經瘋狂
只有悠悠的雲想
還在微溫的眼眸裡
自在飄盪

2013.3.31（原載於《海星詩刊》第 8 期）

讀《台南的樣子》有感

── 致王美霞老師

台南好樣的身影佇立眼前
讓我想起她看見櫻花時的模樣
還有提起紅樓不堪回首的夢境
讀了瀟灑的台南
千萬不要忘記
拿台南當成一杯好茶
細細品味它的美麗與甘醇
以此地雋永的人情閒嗑牙
把這裡的溫柔收藏心底
夢迴時還有什麼快樂不能停留
怎樣的幸福無法永遠
故事正青春呢

2013.4.14（原載於《掌門詩學》第 69 期）

西子灣

高雄的風
熱情地吹進我的眼
港灣娉婷
靜浪粼粼
召喚旅人共晚
海鳥調皮
啣走彩雲一片
天空美麗依舊
讓心陶醉

2013.4.15

換 季

四月的天氣詭譎
笑了一下又哭了起來
叫心情不知如何擺放

早到的阿勃勒
你在風中唱著什麼調
有些歡喜又有那麼一點點的憂傷
車窗內的這雙眼睛想著
激情的夏日就要帶走春蒔的美麗
心頭突然被你高拔的尾音撼動
糾結成了一個突變的問號

我們都在歲月的笑容中老去
猶如早晨才來叫醒世界
如今卻已在逐漸闃黑的時間裡
回到原初空無的鳶尾花
試圖放逐記憶
無奈回城的要塞已被佔據
夢醒時美麗已經遠去

微涼的星星眨眼
睡不去的心情翻騰依舊
彷彿還有那麼一朵停雲
催促著悠悠的季節
在太陽晨跑前快快地換裝

2013.4.20（原載於《新文壇》季刊第 32 期）

眞情不朽

春風飛進了我的窗
叫醒沉睡中的夢境
惺忪的幸福還在翻騰
婆娑的斜陽已等不及地趕入眼眸
只因綺麗的嫣紅太美
不真實的空靈引發想像的回憶

往事低迴
將殘存的背影拿來下酒
尚有愜意幾分蕩漾
唯恐醉後的滄桑刺痛了心情
總是想著什麼是歲月的樣子
思索中所有的人生風景突然停格
害怕季節不顧美麗的脆弱將它撕裂
再也無法拼湊對你完整的思念

想問你可曾收藏擁有的依戀
那夏天都已經輕叩門扉
再堅固的城池也有老去的時候

當風再也吹不動感覺
眼眸偏偏不斷地失憶
是否還能如同往昔依然有你
這是此刻的我亟欲解開的難題

歲月無法複製
今生世事已然茫茫
三生石的傳說還會繼續地演義
而我們的情懷也將鐫刻不朽

2013.4.22

善變的紅塵

世界的心跳起伏不定
除了地震海嘯的加持
強權搗蛋的事情也司空見慣
最近壓力鍋炸彈也加入了這個俱樂部
馬拉松人仰馬翻雲飛去
肥料不安於廠也幹起了爆炸的勾當
台灣是好樣的
眾神護住了汽油彈沒有與波士頓共舞
高鐵想變成雲霄飛車的大夢
還要再等等下一個狂人的出現

何時紅塵夢醒
孔老夫子的仁義道德都成了裝飾品
甭說這個俗世還有什麼禮義廉恥
富二代撞死人推說是保險桿幹的好事
立委的無影腳踹破了部長的大門
有人說那是為了讓希望的陽光直接照入
也許辦公室的日光燈要嚴正抗議了
核四廠停不停建讓大家霧裡看花

各有各的盤算也有自己的計謀推斷
老百姓手足無措也只能望天興嘆

過了今天人間依然有人贏球也有人輸球
過了今天紅塵仍然有人得逞也有人懊惱
過了今天世界必然有人不變也有人善變
祈禱今天能夠下一場醒世的大雨
澆醒我已混亂的夢想
在善變的紅塵世俗中

2013.4.23

後 宮

我是王室的囚鳥
怎麼樣也飛不出權力的手掌
只容許在你牽引的半徑內展翅
心情是窗外藍空中滯留的烏雲
欲雨卻凝固於陽光背影之下
凋謝遲暮的美麗

2013.5.20（原載於《新文壇》季刊第 35 期）

悸

一夜黃花凋零
沒有預告的風雨
讓阿勃勒憔悴

眼淚滿地
淹沒了飄餘的美麗
寂寞轉身我已無語

仰望剩餘的晴空
笑瞋傷懷的停雲
是否忘了
心情一旦貼上了條碼
星夜便肆虐地盜刷夢意

鳳凰花在枝頭狂叫
被烈日曬傷的心情
痛得暈眩

自從失去了溫柔的春天

就已注定學會療傷的孤獨
雲空中沒有一絲的淚水
可以在我揮別時悲泣
行囊裡帶走的
是那沉默的再見

夏是個敏感的季節
亮麗的世界讓生命清醒
困頓過後
只有癡狂的風依然相隨
遠走的苦楚回眸已是黃昏
往事被蒸騰為陽關三疊
歌詠的依然是拈花的心情

2013.5.28（原載於《掌門詩學》第 70 期）

邂逅阿勃勒

初夏是幸福的花
在璀璨的心路上開放
有好鳥的歌頌
還有陶醉的陽光相伴
世界手舞足蹈
旅人的困頓被美麗包圍
心情不想突圍

蜜蜂為了採集妳的微笑
不惜將時間停留
停留在窗的夢境裡
也駐足於寫滿情意的眼眸中
忙碌是為了一生最真實的邂逅
在淬黃的容顏上驚瞥許久不見的記憶

室內的風扇將光陰流轉
有風有雨的日子總教生命泥濘
收藏著無法複製的心情
偶而也會湧上思念的海岸

拍打那被現實緊閉的想望

美麗是不能等待的夢
甦醒以後就要煙消雲散
別讓它在窗前隱去
徒增惆悵幾許
當幸福飄成了滿地的黃雪
那是季節為妳的不捨
不願帶走的心情啊

2013.5.31（原載於《新文壇》季刊第 33 期）

鳳凰之歌

傲骨的鳳凰花烈日摧殘不了她
在藍天白雲見證下
依然燦爛自己的美麗

夏的令旗呼呼揚起
狂飆的溫度到處橫衝直撞
這一場季節的戰爭
沸騰了六月佔領的世界
過亮的晴空教心情如何遁匿

曾經讓人擔心的雨聲
為何聽不見跫音急起
黃昏幾度謝紅
就是望不到淒寂的孤鶩
飛進因等待卻已斑剝的夢境

別讓時間封鎖了感動
夜已輕輕爬上心頭
當子時的踏歌旋起

美麗回響
在闃黑的街道上悠悠蕩蕩

2013.6.6（原載於《葡萄園詩刊》第 199 期）

與馬致遠同遊現代

夜雲吞沒了橘陽
誰該是那個斷腸人
悄悄的季風不知
杳杳的心情不曉

蟬音帶走了現實主義
留下古典的浪漫
有一位作家說
它是夏天的絕句
心有罣礙的我
卻將它讀成慢到不能再慢的長調
那一個朝代就以這個速度被歷史凌遲

阿勃勒交棒給了火鳥
燃燒這一季最美的顏色
癡呆的我欲守住蒼茫的天空
在最佳的時機裡捕捉傳說中的鳳凰
但見雲的羽翼已經蒼老
心海中只有猛浪擊襲

過度的燦爛成了諷刺的印記

我牽著我的老馬
走過小橋與人家
在坎坷的古道上
與馬致遠揮手告別

2013.6.8（原載於《葡萄園詩刊》第 199 期）

覷

看那捷運站突然甦醒的人潮
想起了那深藏地底的睡蟬
才從生命中找到了自己
還來不及觀照紅塵俗世
便又消失在茫茫的時空
怎不教人心情凋零

阿勃勒是夜裡徘徊的夢
幾度流連又幾度悲傷
無法留住的美麗
徒使命運的劇本慌張
輪迴不能逆轉
把季節禁錮又有何用
該離去的誰又能強留

蟬鳴尚可悸動一夏
黃雪殞落還有清風撫慰
心情被命運捉弄
能否有人知曉

夢也會痛
就擁抱這懵懂的世界宿醉

2013.6.10（原載於《葡萄園詩刊》第 199 期）

夏日偶思

蟬浪來襲
翻醒了一夏的美麗
等待的思想
終於燦爛在朗朗的陽光下
不再為排撻而去的夢境悵惘

思念已經成了習慣
又何必阻斷夢的漫長
白晝是情月夜是意
亙古以後被寫為史的
是碑
萬一命運不幸
就像那堵老牆上被風雨糟蹋
的傷痕

什麼可以永遠
還有誰敢硬逞英雄
躺在課本的姓名
已然哭笑不得
讀者的嘆息聲比記憶還長

2013.6.11（原載於《葡萄園詩刊》第 199 期）

我的城市，我的夢

摘下一葉台南的風景
收入寫滿心情的書扉
孤獨從此絕版
夢想隨著春天的讚歎聲
飄落窗前

東豐路踽踽了整個雨季
哼唱屬於自己個性的音符
夏天將淚水燃燒
往事在風中追憶
呼嘯而過的青春
惆悵歲月

曾經愛情的花開了
趕過日正當中
卻無聲無息地謝了
美麗被人海車潮淹沒
蟬浪瞬逝

企圖將時間擁入懷裡
在颯颯的悲風中停格
霓紅燈攝不走單薄的背影
思緒鑄成了變形的問號
勾留住這一葉台南的風景
綴夢成詩

2013.6.12 端午

夏　題

蟬浪來襲
翻醒了一夏的美麗
燦爛的思想
終於不再為排撻而去的夢境
悵惘

2013.6.15

樹下聽風

從卅年的時光中一路走回年少
突然有些情怯而猶豫了起來
暫時卸下中年的現實
再一次穿戴十七歲的心情
在午後的風中與往事邂逅

夢般的歲月裡
是那一群男孩嘈雜的笑語
曾經在泳池中對決的青春
在筆陣內永不妥協的傲骨
還有操場上被汗水浸淫的背影
往事重演

陽光穿透葉頰
照醒了典藏於心的高中夢
無奈校鐘頻頻催促
從記憶中走回現實的自己
依然在風中翻騰

2013.7.2

窗前夢憶

陰雨天攫住了渴望自由的心情
已經準備啓航的窗牖
只好暫時收起那狂笑的帆
在微弱的光線下細數往事

去年夏天突然想起了你
那是欲飛的心情揪住蟬聲
傲慢的金烏乍停笑容的當口
馨雲幾朵在微風中觀照世界
匆匆的生命拖曳思念無盡
翳入湛空的懷抱
而你的背影依然離去的歲月

今年季節方才演出半場
這暗沉的天幕
讓人的思緒不禁打了一個哆嗦
被寵壞的溫度仍舊囂張
而我企圖在電腦裡尋找過往的蹤跡
網頁卻將自己彷彿江水般地帶遠

終結於茫茫的世海

心情爬出窗扉
想聽聽天空在說些什麼
脾氣執拗的仲夏將私酒傾瀉
讓感覺淫瀌陶醉
被困的自由在悠悠窗影中
輕輕轉身
展露忘懷的紅顏

2013.7.19（原載於《海星詩刊》第 10 期）

敬字亭

轉身
你向我的心情莞爾一笑

告示牌清楚烙印著你輝煌的身世
這突然的舉動讓文字裡的故事
再也按捺不住情緒羅列爐前
重新展演屬於自己的科白

水袖一揮神話寓言在風中飄蕩
兩手再拱傳奇的夢中夢
把我也放入夢鄉
再奪夢枕而出
卻已是紅燈睥睨
車潮狂傲的十字路口
這讓竇娥再也無法喊冤
鍾理和頻頻搖頭的美濃街頭

我不能回報你那滄桑的笑臉
只好默默地在你嘆息前
轉身離去

2013.7.25（原載於《新文壇》季刊第 34 期）

思念練習曲

在夢的深處
那一群女孩依然翩躚可愛
在心的收藏室裡
仍舊是妳們燦爛的笑容迴盪
幾多的歲月過去
幾多的往事徘徊
想念已是習慣的功課
今夜腦海漂蕩的是我們曾經有過的美麗
而妳們是否也曾在過往的人潮中
發現我的存在
那一直愛著妳們的大男孩……

2013.8.1（原載於《掌門詩學》第 69 期）

風　雨

風雨叫醒了我的夢
夜裡鋪陳的故事還微溫
選擇離去的你
背影卻是如此單薄

窗前幢幢的光影曖昧
失去了夏天的懷抱
心情一時難得撫平
秋意趁隙襲上了心頭

世事恰似流水
帶走的是那挽不住的光陰
被留下的依然是我成癮的思念
突然安靜的風雨令人悠悠

2013.8.31

江湖行

雨下著
風飄著
人空茫地站著

任憑世界匆忙
獨不見那霸氣的夏陽威武
淹了水的心情
是否還能泅過滅頂的陷阱
讓它繼續漂流

就到夢的深處尋覓伊人
不再被孤獨禁錮
風雨停歇時
嘯傲江湖

2013.9.1（原載於《葡萄園詩刊》第 200 期）

拔一條河

我們必須和命運拔河
拔這一條只有上帝才知道輸贏
而我們卻無法理解
時間為何讓它猖獗的大河
那狂傲的風雨催化了毀滅的心性
張牙舞爪地在山的懷抱裡肆虐
我們連哭泣的權利都被黑夜剝奪
驟雨又無情地洗去了殘餘的淚水

那一年，惡水奪走了我們的大橋
它卻帶不走我們一直守候的苦心
那一年，土石流吞噬了我們呵護的家園
它卻難以嚥下我們堅強的意志
那一年，被強雨撐破的山丘淹沒了一座平凡的村莊
它卻無法阻擋我們渴望重生的偉大

這裡，還有小朋友的笑臉
美化了殘破的風景
這裡，還有挺拔的峻嶺

守護四面八方孤獨的身影
這裡，還有拔河隊的毅力
不畏那暴雨強風的侵襲

站在這裡
我們忘卻了輸贏
但是，我們永遠記得
絕對不向命運低頭

2013.9.8

情　懷

蜻蜓池中戲荷
魚兒一派游閒
山林間的天籟
趑入不動樹扉
秋葉飄零翩翩
季節號角響起
已逝的情懷回眸
幾許的思念輕拂
鐘聲瀰漫了晨心
有你的藍天白雲
叫記憶無法闔眼
留下孤獨的風語
繼續流浪的夢想

2013.9.20

絕　句

在垂死的風中摘下一葉陽光
讓年輪忘記自轉
顛簸的心情振作精神
迷惘不再

2013.9.28（原載於《新文壇》季刊第 35 期）

心情四季

春天偷走了我的心
在鳶尾花初開的窗前
晨曦乘風而來之際
初戀的滋味突然翻醒
青春再次起舞翩翩
就讓寂寞在風中停留
將往事都拋諸腦後

雷聲陣陣擊醒了夏夢
急於褪去暑色的世界
在西北雨中忘情地裸泳
像舞雩而歸的童子
一路清唱自己的歌
擁抱簡單的理想徜徉自在
任憑殘風戲笑無羈的散髮

秋意比預期的早到
還未換季的心情顯得踟躕
應該習慣的感覺卻堆滿了荒蕪

流轉的生活失去了溫度
也盲目了明天的方向
匆匆去來的颱風過門不入
徒讓等待的思緒嘆息

就要見底的掛曆
那淘氣的冬天會不會變老
門外那已悟道的梅花
參透了輪迴的陷阱
堅持不凋只為燕子的呢喃
在春來時將餘情釀成一壺酒
醉飲終生

2013.10.1（原載於《葡萄園詩刊》第 200 期）

秋　心

風是透明的
闖進了退潮的心情
微弱的低吟
為何讓夢關不住自己

秋天最近時常迷路
都已經十月圍城了
楓紅的呼喚依然如此孱弱
滿山的低迴只是空想

你來不來不是一種命題
而我終於學會了等待
卻是非常熟悉的答案
錯誤的美麗也是難得的陶醉

2013.10.15（原載於《新文壇》季刊第 34 期）

佛 問

是否我們的天空放下了春夏秋冬
所謂的輪迴就可以自由自在地飛翔
天空可以藍自己的藍
雲朵可以白自己的白

是否我們的大地不再擁有四面八方
所謂的崎嶇便能放心地奔馳
風能吹其所愛
雨能下其所情

是否世界能夠超渡情慾的海洋
所謂的眾生將可泅過執著的黑潮
夢著自己的極樂
想著自己的涅槃

是否那一片飄零的葉子窗前回眸
已經告別的往事還有重生的喜悅
讓枯等的樹枝尚存些許的溫暖
這一生一世無悔

是否在我萬般的疑惑中篩落最輕的問號
勾留住蠢蠢欲動的歲月
便能開釋一切諸法
身融阿彌陀佛

我在祢的手掌裡徘徊
祈望蓮花再次綻開的時候
還有拈花的微笑
蕩漾心湖

2013.11.1

秋 懷

我和我的寂寞把酒言歡
秋風剛剛掠過了世界
那隻海上猖狂的燕子
卻讓生命來不及走避
就消失於牠刻意鋪陳的狼藉

家園在淚中漂流
人事漸漸在天空之下模糊
心情哭累的感覺亟欲突圍
麻木的地球卻依然自轉
很難叫人相信有時而盡的天長地久
更甭說想輕易接納毫無絕期的恨意綿綿

日落日出依然輪迴
是否留得住最美的記憶
不須為那卸妝後的世界傷懷
教那些在季節中反覆演義的故事
在微冷的雨中離去
我和我的寂寞可以彼此相忘於江湖

窗外熟悉的風情颯颯
且讓燕尾剪斷殘餘的心痛
寂寞醉飲而歸
讓夢將它寫成一部思念的斷代史

2013.11.15（原載於《葡萄園詩刊》第 201 期）

註：「海燕」是今年橫掃菲律賓的超級颱風，造成一個
　　城市的毀滅，以及無數生命的結束。感同身受之餘，
　　為詩記之。

風起了

東北季風真的作客南方了
還迷失在毒油假米世界的人們
終於可以拂去一身的俗氣
享受這冷冷的晴空下
一襲清新的滋味

風起了，你在何處
想問問秋天離開的時候
可曾留下些許的叮嚀
總是失去了蹤影以後
才猛然想起沒有完成的誓言
在山谷裡徘徊

不知道是否愛上了冬天
卻在心口上有著欲噴的熱情
我無法將你寫在詩裡的
是那被季節禁錮的宿命
如果還有逃亡的句子
必定是那將來的 2014

愛你一生一世的情碼
依然在日記簿中烙印

2013.11.28（原載於《葡萄園詩刊》第 201 期）

望　冬

寒顫的台南心情抖擻
淒風一夜窗櫺未眠

思想哆嗦叫亂髮飛狂
似乎鄭愁予的春帷提早掀開
又錯
冬顏盤桓老去了世界
美麗似乎已被修成了正果

晨曦因等待而悠悠
節奏微慢
在沉睡的高樓中挺起
暫停的夢境尚有溫存幾分
徒留旅人記憶歸航

2013.12.8（原載於《葡萄園詩刊》第 201 期）

冬　至

鳳凰花舉起了一個城市的美麗
南風輕吹還有你的飄逸流連
想飛的心情再次洶湧
當個放逐自己的浪人

夏天被秋風送走
不曾想過的冬至心情此刻升起
還有一把熊熊的烈火燃燒
溫暖那未曾離去的夢想

蜿蜒過這一年的長流
在歲月的盡頭處回眸
瞥見你為自己留下的足跡
有些許的驚喜卻也伴著徘徊的輕愁

已經無所謂了
因為那是愛你最好的印記
就讓它依著季節的翅膀
為堅持的方向努力地飛去

2013.12.22

夜 情

聖誕節過後
冰封的世界乍現一抹微笑
說不上來的感覺
任由心情在寒風中挑逗

也許那單薄的日曆懂得幾分的風語
不然為何願意褪去自己的容顏
換來年年的輪迴依舊
無怨無悔

燈光孤獨將公園洗練的更加寂寞
踽踽的旅人把颯颯的北風吞飲
還有誰贏得了這樣的季節
冬眠的紫荊都笑了
在淒淒的夜裡

今晚適合追夢
被吹去的往事都將甦醒
聖誕老人忘了帶走的歡愉

就當做最後的一個禮物
送給自己和那冷冷的影子

2013.12.28

我的自由式

慵懶的陽光
照不醒耽溺寒流的夢境

怕眼睛禁錮的世界
白雪飄零
蒼茫的原野
不見伊人芳蹤

選擇一種虛擬
那為夜保留的幻式情域
這裡沒有三生石的焦慮
只有我的自由佔據冬季

2014.1.1

愛情的港灣

總是耽戀那愛情的港灣
無論可能陷溺於海中的迷霧
抑或留不住夕落的美麗
叫堤上那盞迎歸的塔燈
盤桓在永恆的浮沉
也為它駐守前程

愛情沒有圍城
進港停錨只是暫時的候鳥
鳴笛出海那是命運簿上抹不去的筆痕
這註定是一場無法保固的春夢
願者城外癡癡地等待
上岸讓自己開始流浪

怎奈情舶容易擱淺
觸礁只是追尋的定律
城門未曾為蝴蝶而敞開
梁山伯與祝英臺的故事太過遙遠
就順著季風依著黑潮

讓心情奔赴茫茫的大洋
以詩留下自己的經典

2014.1.5（原載於《葡萄園詩刊》第 202 期）

寂寞的滋味

驕傲的寂寞佔領了冬天
再囂張的寒流
都臣服於他睥睨的眼神
每一次的交戰
都是我不想累積的光榮失敗
這個世界終於失去了真心
苦飲殘餘冰雪的滋味

初陽照醒了渾沌的地球
冷冷的空氣中還有幾分沮喪的氣質
黑夜多餘的關心
只會帶來更多說不清的真理
滿天眨眼的星彷彿是氾濫的監視器
教心情遁形無所
相繼剝削的子丑寅卯
天明時疲憊了夢想

才翻越山頭的歲月
被冷氣團包圍在孤獨的城堡

習慣了自言自語地生活
逐漸單薄的時間釀成記憶的身影
回眸時那寂寞的變形滲透心情
總是糾纏不清是我還是他
讓世間必須選擇變調的交響曲
來安慰被欺騙而封閉的門

他終究還是無聲無息地攻城掠地
在所有的注意力都疲於奔命
不得不為太多得背叛消毒
生命被踩成一文不值的紀念品時
猛然回頭才發現酷寒的寂寞
早已來到每一個良知的心中
以冷笑映襯人世的焦慮
而我們只能馱著卑微依然無可奈何

2014.1.11

風起時

涼涼的風伴著窗外的鳥囀
午後的世界別是一番滋味撩人

難得的獨處有了平常味
陽光溫柔地說些什麼呢
朦朧的音頻挑動了我的眼
情韻醇釀與心情共舞
美麗闖進往事
那夢中飄逸的你啊
是否也同我此刻的感覺依然快樂
在每一次的發現裡擁有了自己

當風吹起了清平調
喜歡流浪的你呀
是否也該駐足於我的草原
欣賞青浪為你的款擺
讓春天的種子舞動徜徉的靚冬
教皚雪溶化滋潤生命的翅膀
時間滴答滴答催促著心情

想念你那悠然的背影
在每個風起的時候

2014.1.19（原載於《葡萄園詩刊》第 202 期）

愛的因式分解

愛你愛到惆悵
是世界變了
還是彼此的緣份已經縹緲

禁不起時間鍛鍊的愛情
怎能被歷史歌頌永遠
叫人們視為不朽的經典

冬去是否一定春回
桃符換了新年也註定將老
千古神話從來不曾在現實中展演

雲淡風輕的季節雨
可還有你的夢想徘徊
回頭我終於笑了自己的傻

孤獨的角落
影子的步伐沉重
月亮說了太多的故事卻忘了留下句號

夜的歌聲總是這樣迷離
牽引別人的心情
不讓回憶歇息

2014.2.6（原載於《葡萄園詩刊》第 202 期）

春 寒

又是細雨濛濛的春天
極地渦旋的威力依然狂傲
熟悉的世界變得有些陌生
真叫人滄桑

風彷彿飛不出天氣的夢魘
怎麼飛都難逃高氣壓的魔掌
冷了只好帶著雪飄過山頭
讓峰巒變老景色凝結

還有多少的心情禁得起淒涼
又有多少的風景承受得住雪的欺凌
該來的美麗應該綻放枝頭
別叫冬天甦醒

2014.2.14

情 想

陰冷的空氣收斂了我的心
無法分辨的鳥叫聲裡
藏不住對於春天的渴望
曾經擁抱夢想漂泊的雲朵
不知為何都掉下了眼淚
也許是為了求得一身的自在
抑或為了讓自己飛得更遠
在欲奔的思想上放下心情

2014.2.18

爲陳美喝采

一隻弓可以拉起心靈的世界
一雙橇可以實踐久違的夢想
一顆心可以堅定多少的生命
妳終於滑出了成功的方向

最美麗的最後一名
叫人鼓掌叫好的精神
是妳為自己在冬奧運烙下的印記
歷史會記憶著妳
而妳將被自己的夢想所典藏

這何嘗不是一首扣人心弦的名曲
不用弓拉而是
以夢以心以意志觸擊的滑冰人生

2014.2.22（原載於《葡萄園詩刊》第 202 期）

註：陳美是華裔小提琴家，為圓兒少時的夢想，以不惑
　　的英姿參加俄羅斯冬奧運滑冰比賽，名次墊底，但
　　受到世界體壇的尊重。

迎 春

春天的風料峭迎人
山巔的光芒有著不安的閃耀
是風鈴花的耳語窸窣
叫人的好奇心蠢動

一夜的等待只是歡迎的儀式
被寒氣所勒的美夢
找不到綻放的出口
好讓湛黃精彩這疲憊的世界

悄悄的時間將期待輪迴
窗子眷顧著最後的月影
彷彿是你以生命守護著不朽的美麗
陽光色的溫暖形成了一輩的誓言
不再為可能的離去而悲傷

2014.2.23

遺

失落的風悠悠我心
生命的集合
總是悲劇大過於團聚
存在的規則真假難辨
螢幕上演的是真
而我們活出來的是假
顛倒人生成了一種習慣
令人惆悵世世
回首，冬天已經遠去
而我依然無法確定
自己的方向

2014.2.25

緣夢情

季節換妝美麗有了新的詮釋
如同你欲來不來的等候
總叫心情徘徊

雨終於下凡
讓期盼淹沒了問號的心
歸途上可有思念流連
街頭那盞迷醉的燈夢
還藏著幾朵相思的雲彩悠悠

風該揚帆了
將耽戀夢境的故事輕盈地消散
不能結束的心情
就讓它隨緣任性地飛翔
夢醒之後依然有我

2014.3.29